Mise en pratique

Manuel de lecture, vocabulaire, grammaire et expression écrite

Cinquième édition

Cahier d'exercices

Alain Favrod
York University

Louise Morrison
York University

Lynn Penrod
University of Alberta

Toronto

Copyright © 2009 Pearson Education Canada, une division de Pearson Canada Inc., Toronto, Ontario.

Pearson Longman. Tous droits réservés. Cet ouvrage est protégé par les droits d'auteur. Il faut avoir obtenu au préalable l'autorisation écrite de l'éditeur pour reproduire, enregistrer ou diffuser une partie du présent ouvrage sous quelque forme ou par quelque procédé que ce soit, électronique, mécanique, photographique, sonore, magnétique ou autre. Pour obtenir l'information relative à cette autorisation, veuillez communiquer par écrit avec le département des autorisations.

ISBN–13: 978-0-321-50628-3
ISBN–10: 0-321-50628-6

Chargée des acquisitions : Christine Cozens
Chargée de la révision : Carolin Sweig
Rédactrice du développement : Jennifer Murray
Rédactrice de la production : Söğüt Y. Güleç
Réviseure : Tanjah Karvonen
Coordinatrice de la production : Janis Raisen
Mise en place : Christine Velakis

Imprimé au Canada.

2 3 4 DPC 10 09 08

Les éditeurs ont tenté de retracer les propriétaires des droits de tout le matériel dont ils se sont servis. Ils accepteront avec plaisir toute information qui leur permettra de corriger les erreurs de références ou d'attribution.

Table des matières

Chapitre 1

Vocabulaire
   EXERCICE 1 : Mots à compléter /1
   EXERCICE 2 : Mots de la même famille /1
   EXERCICE 3 : Traduction /2
   EXERCICE 4 : Correspondances /2
Lecture
   Les neuf vies d'Edward (extrait de roman)
   avec questions de compréhension /3
Grammaire
Que sais-je ? /5
   1. Le présent de l'indicatif /6
   2. L'impératif /12
   3. Les noms /14
   4. Les pronoms compléments directs *le, la, l'* et *les* / 17
   5. Traduction /18
   6. Expression écrite /19
D'autres horizons… /20

Chapitre 2

Vocabulaire
   EXERCICE 1 : Mots à compléter /21
   EXERCICE 2 : Mots de la même famille /22
   EXERCICE 3 : Correspondances /22
Lecture
   Une Vendetta (conte)
   avec questions de compréhension /23
Grammaire
Que sais-je ? /27
   1. Le passé composé /27
   2. L'imparfait /32
   3. Le plus-que-parfait /35
   4. Le passé simple /37
   5. Traduction /39
   6. Expression écrite /42
D'autres horizons… /44

Chapitre 3

Vocabulaire
   EXERCICE 1 : Phrases à compléter /45
   EXERCICE 2 : Mots de la même famille /46
   EXERCICE 3 : Phrases à composer /46
   EXERCICE 4 : Définitions /46
Lecture
   Et si les parents ne servaient à rien ? (article)
   avec questions de compréhension /47
Grammaire
Que sais-je ? /49
   1. Les articles /49
   2. Les adjectifs démonstratifs /52
   3. Les adjectifs possessifs /53
   4. Traduction /54
   5. Expression écrite /56
D'autres horizons… /58

Chapitre 4

Vocabulaire
   EXERCICE 1 : Synonymes /59
   EXERCICE 2 : Mots de la même famille /59
   EXERCICE 3 : Traduction /60
   EXERCICE 4 : Définitions /60
Lecture
   Tous surveillés au doigt et à l'œil (article)
   avec questions de compréhension /60
Grammaire
Que sais-je ? /62
   1. Les adjectifs qualificatifs /63
   2. Les adverbes /71
   3. La comparaison /75
   3. Traduction /78
   4. Expression écrite /81
D'autres horizons… /82

Chapitre 5

Vocabulaire
   EXERCICE 1 : Mots à compléter /83
   EXERCICE 2 : Mots de la même famille /83
   EXERCICE 3 : Correspondances /84
Lecture
   Le naufrage des langues autochtones
   (extrait de conte) avec questions de
   compréhension /84
Grammaire
Que sais-je ? /86
   1. L'infinitif /87
   2. Le subjonctif /91
   3. Traduction /99
   4. Expression écrite /101
D'autres horizons… /102

Chapitre 6
- Vocabulaire
  - EXERCICE 1 : Mots à compléter /103
  - EXERCICE 2 : Correspondances /103
  - EXERCICE 3 : Phrases à composer /104
  - EXERCICE 4 : Paragraphes à composer /104
- Lecture
  - *Bon Cop, Bad Cop* (critique de film) avec questions de compréhension /105
- Grammaire
- Que sais-je ? /107
  1. Les pronoms personnels /108
  2. Traduction /115
  3. Expression écrite /117
- D'autres horizons... /118

Chapitre 7
- Vocabulaire
  - EXERCICE 1 : Mots à compléter /119
  - EXERCICE 2 : Correspondances /120
  - EXERCICE 3 : Phrases à compléter /120
  - EXERCICE 4 : Phrases à composer /120
- Lecture
  - *Maigret et la vieille dame* (extrait du roman de Georges Simenon) avec questions de compréhension /121
- Grammaire
- Que sais-je ? /124
  1. Les pronoms démonstratifs /124
  2. Distinction entre *c'est* et *il est* /125
  3. Les pronoms possessifs /126
  4. Les adjectifs et pronoms interrogatifs /126
  5. Les pronoms relatifs /128
  6. Traduction /131
  7. Expression écrite /133
- D'autres horizons... /134

Chapitre 8
- Vocabulaire
  - EXERCICE 1 : Mots à compléter /135
  - EXERCICE 2 : Mots familiers /136
  - EXERCICE 3 : Correspondances /136
  - EXERCICE 4 : Phrases à composer /137
- Lecture
  - *Le parent menteur* (extrait de livre) avec questions de compréhension /137
- Grammaire
- Que sais-je ? /139
  1. Le futur simple et le futur antérieur /140
  2. Le conditionnel présent et passé /145
  3. Les phrases hypothétiques /149
  4. Traduction /150
  5. Expression écrite /153
- D'autres horizons... /154

Chapitre 9
- Vocabulaire
  - EXERCICE 1 : Mots à compléter /155
  - EXERCICE 2 : Phrases à composer /155
  - EXERCICE 3 : Correspondances /156
  - EXERCICE 4 : Radicaux /156
- Lecture
  - *Oiseau disparu? Faire revivre le dodo* (article) avec questions de compréhension /157
- Grammaire
- Que sais-je ? /159
  1. La négation /159
  2. Les verbes pronominaux /160
  3. Les expressions impersonnelles /164
  4. Les adjectifs et pronoms indéfinis /165
  5. Traduction /166
  6. Expression écrite /168
- D'autres horizons... /169

Chapitre 10
- Vocabulaire
  - EXERCICE 1 : Mots de la même famille /170
  - EXERCICE 2 : Homonymes /170
  - EXERCICE 3 : Correspondances /171
- Lecture
  - *Les yeux baissés* (extrait du roman de T. Ben Jelloun) avec questions de compréhension /171
- Grammaire
- Que sais-je ? /174
  1. La voix passive /174
  2. Le participe présent /176
  3. Le discours indirect /179
  4. Traduction /182
  5. Expression écrite /183
- D'autres horizons... /184

CHAPITRE 1

Vocabulaire

EXERCICE 1 : Mots à compléter
EXERCICE 2 : Mots de la même famille
EXERCICE 3 : Traduction
EXERCICE 4 : Correspondances

Lecture

Les neuf vies d'Edward (extrait de roman) avec questions de compréhension

Grammaire

1. Le présent de l'indicatif
2. L'impératif
3. Les noms
4. Les pronoms compléments directs *le*, *la*, *l'* et *les*
5. Traduction
6. Expression écrite

D'AUTRES HORIZONS...

Vocabulaire

Exercice 1 : Mots à compléter

Complétez les mots suivants à l'aide des lettres données. Les mots sont tirés du vocabulaire du chapitre 1 de *Mise en pratique*.

1. Ils sont partis en lune de m_iel_ une semaine après leur m_ariage_.
2. Iseult aimait Tristan d'un am_our_ f_ou_ : elle ne pouvait pas vivre sans lui.
3. Quand on tombe subitement amoureux de quelqu'un, c'est le c_oup_ d_e_ f_ou_d_re_.
4. Michel Tournier pense que le lien am_ical_ est plus sérieux que le lien amoureux.
5. Certaines personnes ne veulent pas se marier ; elles préfèrent rester c_éli_b_ataire_s.
6. Nos grands-parents pensent que la f_idélité_ est une qualité rare de nos jours.
7. La r_éci_p_rocit_é est un trait essentiel de l'amitié.
8. « L'amour, sans la j_alou_si_e_, n'est pas l'amour. » (Léautaud)

Exercice 2 : Mots de la même famille

Remplissez le tableau en suivant l'exemple donné. La plupart des mots se trouvent dans le vocabulaire du chapitre 1 de *Mise en pratique*. Utilisez un dictionnaire au besoin.

verbe (infinitif)	nom abstrait (avec l'article)	nom de personne (m. et f.)
se fiancer	les fiançailles	un(e) fiancé(e)
se marier	le mariage	un(e) marié(e)
aimer	l'amour (m)	un(e) amant(e)
divorcer	le divorce	un(e) divorcé(e)
bénéficier	le bénéfice	un(e) bénéficiaire
condamner	la condamnation	un(e) condamné(e)

Exercice 3 : Traduction

Traduisez les phrases suivantes en anglais ou en français, selon le cas.

to get married	= se marier	Ils se sont mariés en juin.
to get married to	= se marier avec (quelqu'un)	Elle s'est mariée avec Jean.
to marry	= épouser (quelqu'un)	Elle a épousé Jean.
to get engaged	= se fiancer	Ils se sont fiancés le jour de la Saint-Valentin.

1. Elle ne veut pas se marier pendant l'hiver.
___

2. George married Elizabeth in 1982.
George s'est marié avec E

3. Lise et Jean se sont mariés le 14 février 2000.
___

4. If they get married, their parents will be very angry.
S'ils se marient, leurs parents seront très fâchés

5. They are going to get engaged next spring.
Ils vont se fiancer le printemps prochain

Exercice 4 : Correspondances

Reliez les mots de la colonne A à ceux de la colonne B pour former une expression. Les mots de la colonne B sont dans le désordre.

Colonne A   Colonne B

1. un mariage   _c_   a) libre
2. se marier   _d_   b) de quelqu'un
3. l'amour   _a_   c) de raison
4. faire   _e_   d) avec
5. se séparer   _b_   e) bon ménage

Puis faites une phrase complète avec chacune des expressions en utilisant le présent de l'indicatif.

Phrase 1 : _____

Phrase 2 : _____

Phrase 3 : _____

Phrase 4 : _____

Phrase 5 : _____

Lecture

Lisez le texte ci-dessous puis répondez aux questions de compréhension.

Les neuf vies d'Edward

Elle s'était éveillée avant lui. Elle l'avait regardé puis elle avait refermé les yeux pour mieux sentir son ventre chaud contre le sien. Elle avait respiré son odeur, juste au-dessous du cou, et s'était répétée, comme tous les matins depuis leur rencontre, que ces moments de sérénité s'accordaient avec l'espoir et la naïveté de **l'aube**.

Delphine restait allongée sans bouger, refusant de tirer Edward de son sommeil, profitant de son inconscience pour l'observer, pour **se repaître** de sa beauté, s'en délecter. Comme elle aimait l'interminable ligne qui fermait ses yeux, comme elle aimait cette ligne qui cachait l'**insondable** mystère des grands yeux **céladon**. Quand Edward plongeait son regard dans le sien, Delphine y voyait des sphinx souriants, désireux, et certains même pressés de lui poser leur question. « Pourquoi cours-tu ? Pourquoi as-tu peur de mourir ? Pourquoi fumes-tu ? Pourquoi n'as-tu pas d'enfant ? Pourquoi sommes-nous si différents ? Pourquoi n'as-tu pas une fourrure comme la mienne ? Pourquoi fais-tu toujours trop cuire le poulet ? » […]

Delphine se demandait comment elle avait pu vivre sans Edward. Avant Edward.

Il s'étira, ouvrit un œil. Il regarda Delphine avec **bienveillance**; elle n'allait pas tarder à lui gratter le ventre, lui masser le dos, les pattes et lisser son **museau** de la pointe du nez jusqu'aux oreilles. Elle compterait machinalement ses vingt-quatre **vibrisses** et lui dirait qu'il était le plus beau chat du monde. Edward ne savait pas exactement ce qu'elle entendait par beau, mais il savait que c'était amical et que sa maîtresse ne s'adressait à personne d'autre de cette façon. Quand il s'agissait de la beauté d'un vase ou d'un manteau, Delphine s'exclamait mais le ton était moins sensuel, moins chaud. Edward devait toutefois admettre que ses intonations étaient plus vibrantes quand il s'agissait d'un homme. […]

Edward en était à sa dernière vie et avait habité dans plusieurs endroits, à des époques très différentes. Il avait **élu** Delphine avec la sagesse acquise lors de ses précédentes expériences et, quand elle l'avait pris dans ses bras, il était entré dans son esprit, comme il le faisait si aisément depuis cinq vies. Il avait lu sa solitude, sa curiosité, sa **gourmandise**, sa ténacité. Delphine le rendrait heureux.

Il n'avait pas prévu, cependant, qu'il l'aimerait autant. Il croyait que son cœur était usé après toutes ces vies et il s'émerveillait chaque matin, à leur réveil, de la profonde gratitude, de l'admiration émue, de l'amusement tendre qu'il lisait en Delphine. Il n'aurait jamais cru qu'ils seraient aussi complices, aussi unis.

Il savait pourtant qu'on peut aimer plusieurs fois dans une existence. Raison de plus quand on a neuf vies. Il se souvenait de Rachel, la **chapelière** parisienne, avec beaucoup d'amitié. Elle lui bouchait les oreilles quand retentissaient les sirènes qui prévenaient les bombardements. Elle avait des cheveux très soyeux, du même sable doré que le poil de sa mère égyptienne. Edward avait aussi bien aimé Mme Henriette, qui préparait des soupes au lard pour un astronome. Et le grand Sébastien qui l'avait pris dans son branle quand ils avaient traversé l'océan à bord d'un navire de 400 tonneaux. Ce qu'il avait pu attraper comme rats une fois guéri ! […]

Tiré de *Les neuf vies d'Edward* de Chrystine Brouillet, © Éditions Denoël, 1998, pp. 9-10, 17.

Vocabulaire pour la compréhension

l'aube : le matin, lorsque le soleil se lève

se repaître : se délecter, savourer

insondable : énigmatique, impénétrable

céladon : verts (en parlant des yeux d'Edward)

bienveillance : bonté, indulgence

museu : son visage (on utilise le mot museau pour certains animaux comme les chiens et les chats)

vibrisses : moustaches (de chat) — *whiskers*

élu (participe passé d'élire = choisir) : choisi

gourmandise : défaut du gourmand, de la personne qui mange par plaisir

chapelière : femme qui fait ou vend des chapeaux

Compréhension globale

Encerclez la phrase correcte.

1. a) Dans ce texte, on parle de l'amour entre hommes et femmes.
   b) Dans ce texte, on parle de l'amour des animaux.
2. a) Delphine ne sait pas comment elle a vécu sans Edward.
   b) Delphine sait qu'elle a toujours vécu avec Edward.
3. a) Delphine a choisi Edward.
   b) Edward a choisi Delphine.
4. a) Edward est surpris d'aimer autant Delphine parce qu'il est vieux.
   b) Edward n'aime pas Delphine autant que Rachel.
5. a) Pour Edward, il est normal d'aimer plusieurs fois dans une existence.
   b) Selon Edward, on ne peut avoir qu'une seule maîtresse dans sa vie.

Compréhension détaillée

1. Quelles sont les images évoquées dans le premier paragraphe ?

2. Quand, dans votre lecture, avez-vous compris qu'il s'agissait d'un chat dans le lit de la femme ? Notez la phrase en question.

3. Imaginez d'autres questions qu'un chat pourrait poser à son maître ou à sa maîtresse.

4. Pourquoi Edward a-t-il choisi Delphine ? Quel don (*gift*) a-t-il acquis dans sa quatrième vie ?

5. Quelles ont été les autres personnes qu'Edward a aimées durant ses neuf vies ? Pourquoi les a-t-il aimées ?

Réflexion

1. Croyez-vous que les animaux peuvent « aimer » ? Expliquez.
___
___
___

2. L'amour de Delphine pour Edward vous paraît-il démesuré ? Expliquez.
___
___
___

Grammaire

Que sais-je ?

Indiquez la bonne réponse et expliquez votre choix.

1. Les verbes réguliers sont des verbes...

    ___ a) qui n'ont qu'une seule forme.

    ✓ b) qui se conjuguent comme tous les verbes de leur groupe.

    ___ c) qui ont un infinitif en *oir*.

2. Pour chercher la signification d'un verbe dans le dictionnaire, on utilise la forme...

    ___ a) du participe passé.

    ___ b) du présent de l'indicatif.

    ✓ c) de l'infinitif présent.

3. Avec le présent de l'indicatif, on emploie parfois l'expression...

    ✓ a) *depuis*.

    ___ b) *hier*.

    ___ c) *dans dix ans*.

4. Dans la phrase « Que nous apporte l'amitié ? », le sujet du verbe est le mot...

    ___ a) *nous*.

    ✓ b) *l'amitié*.

    ___ c) *que*.

5. Parmi les noms qui se terminent en *e*...

    ___ a) il n'y a que des noms masculins.

    ___ b) il n'y a que des noms féminins.

    ✓ c) il y a des noms masculins et des noms féminins.

6. Un mot est invariable quand...

___ a) il ne change pas de sens.

___ b) il ne change pas de forme.

___ c) il ne change pas de préfixe.

1. Le présent de l'indicatif

1A Mettez chaque verbe au présent de l'indicatif. N'oubliez pas d'élider le pronom devant un *h* muet ou une voyelle. (Voir tableaux 1.1 et 1.4.)

1. tu (se rendre) — te rends
2. nous (grandir) — grandissons
3. vous (vendre) — vendez
4. je/j' (habiter) — j'habite
5. nous (réfléchir) — réfléchissons
6. elles (haïr) — haïssent
7. elle (attendre) — attend
8. il (partir) — part
9. tu (chercher) — cherches
10. je/j' (arriver) — j'arrive

1B Mettez chaque verbe au présent de l'indicatif et à la forme négative. N'oubliez pas d'élider le pronom devant un *h* muet ou une voyelle. (Voir tableaux 1.3 et 1.4.)

1. je (confondre) — je ne confonds pas
2. elles (réfléchir) — elles ne réfléchissent pas
3. nous (réparer) — ne réparons pas
4. je/j' (aider) — je n'aide pas
5. tu (descendre) — ne descends pas
6. elle (s'habiller) — elle ne s'habille pas
7. nous (se reposer) — nous ne nous reposons pas
8. vous (s'embêter) — vous ne vous embêtez pas
9. ils (se réveiller) — ils ne se réveillent pas
10. elles (s'entendre) — elles ne s'entendent pas

1C Donnez le présent de l'indicatif de chaque verbe. (Voir tableaux 1.5, 1.6 et 1.7.)

1. elles (découvrir) — découvrent
2. nous (offrir) — offrons
3. je (souffrir) — souffre
4. tu (couvrir) — couvres
5. vous (recouvrir) — recouvrez
6. tu (dormir) — dors
7. il (faire) — fait

8. je (mourir) — je meurs
9. nous (craindre) — craignons
10. ils (mettre) — mettent
11. nous (promettre) — promettons
12. je (compromettre) — compromets
13. il (suivre) — suit
14. ils (être) — sont
15. elle (avoir) — a
16. on (connaître) — connaît
17. elle (savoir) — sait
18. nous (savoir) — savons
19. tu (prendre) — prends
20. nous (devoir) — devons

1D Complétez le passage ci-dessous en mettant les verbes pronominaux au présent de l'indicatif. (Voir tableau 1.4.)

Le matin, je **me réveille** (1. *se réveiller*) à sept heures mais je ne **me lève** (2. *se lever*) que dix minutes plus tard. Je **me lave** (3. *se laver*), je **m'habille** (4. *s'habiller*) et je **me peigne** (5. *se peigner*). Ensuite, je réveille ma mère et nous mangeons ensemble. Nous **nous parlons** (6. *se parler*) beaucoup, parfois nous **nous taquinons** (7. *se taquiner*), mais nous **ne nous disputons jamais** (8. *ne jamais se disputer*) parce que nous sommes de bonnes amies. Enfin, nous **nous dépêchons** (9. *se dépêcher*) pour prendre le bus de huit heures. Nous **ne nous trompons jamais** (10. *ne jamais se tromper*) de numéro de bus parce que cela fait cinq ans que nous le prenons.

1E Certains verbes en *er* présentent des particularités orthographiques auxquelles vous devez faire attention. Mettez chaque verbe au présent de l'indicatif. (Voir tableau 1.2.)

1. achever
   - je/j' — achève
   - elle — achève
   - elles — achèvent
   - nous — achevons
   - vous — achevez

2. mener
   - je — mène
   - tu — mènes
   - on — mène
   - nous — menons
   - vous — menez

3. geler
   - je _gèle_
   - il _gèle_
   - ils _gèlent_
   - nous _gelons_
   - vous _gelez_

4. placer
   - je _place_
   - tu _places_
   - vous _placez_
   - nous _plaçons_

5. annoncer
   - je/j' _annonce_
   - vous _annoncez_
   - elles _annoncent_
   - nous _annonçons_

6. juger
   - je _juge_
   - tu _juges_
   - vous _jugez_
   - nous _jugeons_

7. loger
   - je _loge_
   - tu _loges_
   - vous _logez_
   - nous _logeons_

8. épeler
   - je/j' _épelle_
   - tu _épelles_
   - on _épelle_
   - nous _épelons_
   - vous _épelez_

9. rejeter
   - tu _rejettes_
   - on _rejette_
   - elles _rejettent_
   - nous _rejetons_
   - vous _rejetez_

10. rappeler
    - je/j' _rappelle_
    - tu _rappelles_
    - elles _rappellent_
    - nous _rappelons_
    - vous _rappelez_

11. payer
    - tu _paies/payes_
    - il _paie_
    - elles _paient_
    - nous _payons_
    - vous _payez_

12. vouvoyer
    - je _vouvoie_
    - tu _vouvoies_
    - on _vouvoie_
    - nous _vouvoyons_
    - vous _vouvoyez_

13. s'essuyer
    - je _m'essuie_
    - elle _s'essuie_
    - ils _s'essuient_
    - nous _nous essuyons_
    - vous _vous essuyez_

14. céder
    - je _cède_
    - tu _cèdes_
    - on _cède_
    - nous _cédons_
    - vous _cédez_

15. tolérer
    - tu _tolères_
    - on _tolère_
    - ils _tolèrent_
    - nous _tolérons_
    - vous _tolérez_

1F Mettez chaque verbe au présent de l'indicatif. Révisez les verbes irréguliers et leurs composés. (Voir appendice A.)

1. Vous _faites_ (faire) un gâteau ?
2. Elle _a_ (avoir) peur des chiens.
3. Nous _écrivons_ (écrire) à nos parents tous les quinze jours.
4. Tu _crains_ (craindre) le pire ?
5. Les Français _conduisent_ (conduire) trop vite et ils _ont_ (avoir) beaucoup d'accidents.
6. Les étudiants _suivent_ (suivre) d'habitude cinq cours.
7. Vos cousins _vivent_ (vivre) à Montréal depuis longtemps ?
8. Qu'est-ce que vous _lisez_ (lire) le soir ?
9. Je _suis_ (être) tellement myope que je ne _vois_ (voir) rien sans mes lunettes.
10. Nous _croyons_ (croire) en Dieu, mais eux ne _croient_ (croire) en rien.
11. Mais que _dites_ (dire)-vous ? C'est incroyable !
12. Elles _disent_ (dire) toujours la vérité.

13. Nous **faisons** (faire) nos devoirs.
14. Ils **défont** (défaire) leurs valises parce qu'ils **ne partent plus** (ne plus partir).
15. Elles **refont** (refaire) leur composition parce que le professeur leur a donné une mauvaise note.
16. **Avez** (avoir)-vous de l'argent ?
17. Oui, je/j' **ai** (avoir) dix dollars à vous prêter.
18. Nous **allons** (aller) voir un film ce soir.
19. **Vas** (aller)-tu en France cet été ?
20. Elle **ne connaît pas** (ne pas connaître) mes parents.
21. À l'heure du dîner, je **mets** (mettre) la table.
22. Les enfants **dorment** (dormir) de dix à douze heures par nuit.
23. Qu'est-ce que ta mère **sert** (servir) comme dessert à Noël ?
24. Elle **apprend** (apprendre) l'italien à l'école.
25. Nous **ne comprenons pas** (ne pas se comprendre) très bien.
26. On **se méprend** (se méprendre) parfois sur les qualités des autres.
27. Vous **êtes** (être) content d'avoir fini votre travail ?
28. Nous **sommes** (être) ici pour négocier les termes du contrat.
29. Elle **court** (courir) tous les jours pour rester en forme.
30. Les navires **parcourent** (parcourir) les mers.
31. Leur chien **accourt** (accourir) les accueillir quand ils rentrent chez eux.
32. On **plaint** (plaindre) les enfants dont les pères sont absents à cause de leur travail.
33. Ils **peignent** (peindre) des paysages.
34. Nous **plaignons** (ne plus se plaindre) de notre situation.
35. Le détective **poursuit** (poursuivre) le criminel.
36. Elle **vient** (venir) d'arriver.
37. Je ne vous **retiens** (retenir) pas.
38. À quelle heure **revenez** (revenir)-vous ce soir ?
39. Il **devient** (devenir) de plus en plus méchant avec ses amis.
40. Nous **tenons** (tenir) beaucoup à vous.
41. Ils **peuvent** (ne plus pouvoir) sortir au restaurant parce qu'ils **n'ont plus** (ne plus avoir) d'argent.
42. Elle **peut** (pouvoir) venir passer son examen à cinq heures.
43. Nous **voulons** (vouloir) vous aider.
44. Elles **veulent** (vouloir) s'en aller.
45. Nous **rions** (ne pas rire) quand il **pleut** (pleuvoir).
    Il **faut** (falloir) attendre le beau temps pour être heureux.
46. En hiver, nous **buvons** (boire) souvent du chocolat chaud, mais en été nous **prenons** (prendre) du thé glacé.

47. Combien d'argent est-ce que je vous __dois__ (devoir) ?
48. Est-ce que cette musique vous __plaît__ (plaire) ?
49. Je __reçois__ (recevoir) beaucoup de courrier cette année.
50. Avez-vous l'impression qu'elle __déçoit__ (décevoir) ses parents ?

1G Complétez les proverbes en utilisant le présent de l'indicatif des verbes entre parenthèses.

1. Mieux _____ (valoir) tard que jamais.
2. Qui _____ (se ressembler) _____ (s'assembler).
3. Pierre qui _____ (rouler) _____ (ne pas amasser) mousse.
4. Absent le chat, les souris _____ (danser).
5. À chacun son fardeau _____ (peser).
6. Chat échaudé _____ (craindre) l'eau froide.
7. Chacun _____ (valoir) son prix.

Maintenant, pour chaque proverbe anglais, trouvez ci-dessus l'équivalent français.

_____ a) Birds of a feather flock together.
_____ b) When the cat's away the mice will play.
_____ c) Better late than never.
_____ d) Everyone feels his own burden heavy.
_____ e) Once bitten, twice shy.
_____ f) Every man has his price.
_____ g) A rolling stone gathers no moss.

1H Mettez les phrases déclaratives ci-dessous à la forme interrogative de trois façons différentes : a) intonation montante, b) *est-ce que*, c) inversion du sujet. N'oubliez pas le *t* euphonique entre la forme verbale qui se termine par une voyelle et le pronom *il, elle* ou *on* quand on fait l'inversion. (Voir tableau 1.3.)

1. Il travaille pour gagner de l'argent.
    a) _____
    b) _____
    c) _____

2. Elle se lève à six heures du matin.
    a) _____
    b) _____
    c) _____

3. Nous allons la voir ce soir.
    a) _____
    b) _____
    c) _____

1I Indiquez cinq choses que vous avez l'habitude de faire en rentrant le soir. Utilisez le présent de l'indicatif.

Le soir, en rentrant, je/j'...
1. _____
2. _____
3. _____
4. _____
5. _____

1J Composez une phrase avec *depuis* + période de temps. Puis récrivez cette phrase en utilisant les synonymes *il y a... que* et *cela fait... que*. (Voir tableau 1.10.)

1. _____
2. _____
3. _____

1K Faites des phrases illustrant bien le sens et l'emploi des expressions entre parenthèses. (Voir tableau 1.11)

1. (*venir de* + infinitif) _____

2. (*être sur le point de* + infinitif) _____

3. (*aller* + infinitif) _____

4. (*être en train de* + infinitif) _____

2. L'impératif

2A Rappelez-vous que les verbes en *er* et quelques verbes en *ir* comme *offrir, couvrir, cueillir, ouvrir* et *souffrir* n'ont pas de *s* à la forme *tu* de l'impératif.
(Voir tableau 1.12.)

1. chanter (tu) _____ !
2. parler (tu) _____ !
3. arrêter (tu) _____ !
4. danser (tu) _____ !
5. ouvrir (tu) _____ !
6. offrir (tu) _____ !
7. cueillir (tu) _____ !

Attention aux formes irrégulières suivantes. (Voir tableau 1.13.)

8. avoir (tu) _____ ! (nous) _____ !

12 Chapitre 1

9. savoir (tu) _____ ! (nous) _____ !
10. être (tu) _____ ! (nous) _____ !

Et maintenant quelques verbes dont les formes de l'impératif correspondent aux personnes *tu*, *nous* et *vous* du présent de l'indicatif. (Voir tableau 1.12.)

11. faire (tu) _____ ! (nous) _____ !
12. vendre (tu) _____ ! (nous) _____ !
13. attendre (tu) _____ ! (nous) _____ !
14. finir (tu) _____ ! (nous) _____ !
15. écrire (tu) _____ ! (nous) _____ !
16. lire (tu) _____ ! (nous) _____ !
17. aller (tu) _____ ! (nous) _____ !
18. dire (tu) _____ ! (nous) _____ !

Donnez l'impératif négatif des verbes suivants. (Voir tableau 1.14.)

19. ne pas entrer (tu) _____ !
20. ne pas fumer (vous) _____ !
21. ne plus me parler (tu) _____ !
22. ne jamais prendre de drogue (vous) _____ !
23. ne pas partir (nous) _____ !
24. ne pas avoir peur (vous) _____ !
25. ne rien dire (vous) _____ !
26. ne rien manger (tu) _____ !
27. ne rien acheter (nous) _____ !
28. ne pas dormir (vous) _____ !

Avec les verbes pronominaux à l'impératif affirmatif, n'oubliez pas d'utiliser le pronom réfléchi et de le mettre après le verbe. (Voir tableau 1.14.)

29. se lever (tu) _____ ! (nous) _____ !
30. se laver (tu) _____ ! (nous) _____ !
31. s'habiller (tu) _____ ! (nous) _____ !
32. s'asseoir (tu) _____ ! (nous) _____ !

Mettez les verbes pronominaux suivants au négatif. Attention à la place du pronom. (Voir tableau 1.14.)

33. Soyons sages, _____ (se disputer).
34. _____ (s'asseoir/vous), la chaise est cassée.
35. _____ (s'endormir/tu), il n'est que sept heures du soir.
36. _____ (se reposer/tu), il y a beaucoup de travail à faire.
37. _____ (se dépêcher/nous), nous avons déjà manqué le bus.

2B Composez deux phrases qui illustrent bien chaque emploi de l'impératif. (Voir tableau 1.15.)

1. un ordre direct
   a) _____
   b) _____
2. des indications ou des directives
   a) _____
   b) _____
3. un souhait ou un conseil
   a) _____
   b) _____
4. une demande exprimée avec politesse (verbe *vouloir*)
   a) _____
   b) _____
5. une interdiction
   a) _____
   b) _____
6. une suggestion (forme *nous*)
   a) _____
   b) _____

3. Les noms

3A Indiquez le genre des noms (masculin ou féminin) d'après leur terminaison. (Voir appendice G.)

1. communisme — m
2. rue — f
3. sarcasme — m
4. voyage — m
5. gourmandise — f
6. journée — f
7. folie — f
8. couleur — f
9. nation — f
10. haine — f
11. chapeau — m
12. déesse — f
13. solitude — f
14. pitié — f
15. passoire — f
16. avion — m
17. devoir — m
18. ménage — m
19. palmier — m
20. incident — m

3B Indiquez le sens des noms à double genre en les traduisant en anglais. Utilisez un dictionnaire bilingue.

1. (m) poêle _____

   (f) poêle _____

2. (m) mort _____

(f) mort _____

3. (m) critique _____

(f) critique _____

4. (m) voile _____

(f) voile _____

5. (m) vase _____

(f) vase _____

6. (m) poste _____

(f) poste _____

7. (m) tour _____

(f) tour _____

8. (m) somme _____

(f) somme _____

9. (m) livre _____

(f) livre _____

10. (m) moule _____

(f) moule _____

3C Donnez le féminin des noms d'animaux ci-dessous.

1. le chien _ne_
2. le canard _cane_
3. le singe _guenon_
4. le bœuf _vache_
5. le loup _louve_
6. le mouton _brebis_
7. le cerf _biche_
8. le dindon _dinde_
9. le cochon _truie_
10. le chat _te_
11. le cheval _jument_
12. le coq _poule_

3D Dans le passé, la langue française n'acceptait que la forme du masculin de certains noms, surtout dans le cas de professions où n'étaient représentées que peu de femmes. Donnez la forme du féminin utilisée maintenant au Canada.

1. un professeur   une _____
2. un auteur   une _____
3. un écrivain   une _____

3E Certains noms sont toujours masculins et d'autres toujours féminins, peu importe la personne dont on parle. Utilisez chaque nom dans une phrase.

1. une victime   _____
2. une personne   _____
3. un chef   _____
4. un bébé   _____
5. un mannequin   _____

3F Donnez cinq noms qui s'appliquent à la fois à l'homme et à la femme.

1. _____
2. _____
3. _____
4. _____
5. _____

3G Dans les phrases suivantes, mettez les mots soulignés au masculin. Attention aux formes irrégulières !

1. La mère et la tante sont parties ce matin.
Le père l'oncle partis

2. La marraine déteste la reine parce que celle-ci est sa sœur.
Le parrain   le roi   son frère

3. L'héroïne aimerait être une princesse ou bien une comtesse.
L'héros   un prince   un d~~uc~~ comte

4. Ma copine est ma meilleure compagne.
Mon copin, mon meilleur compagnon

3H Trouvez le nom qui correspond à chaque définition. (Voir tableau 1.16.)

1. Il nous coupe les cheveux.   _____   a) un écrivain
2. Elle fait du pain.   _____   b) un diplomate
3. Elle chante.   _____   c) une victime
4. Elle joue dans un film.   _____   d) une vedette
5. Il est le meilleur acteur du film. _____   e) un coiffeur
6. Il écrit un roman.   _____   f) un secrétaire

7. Il a été agressé. _____ g) une patronne
8. Il travaille pour le gouvernement. _____ h) une boulangère
9. Il tape des lettres. _____ i) une actrice
10. Elle gère une entreprise. _____ j) une chanteuse

3I Donnez le pluriel des noms suivants. (Voir tableau 1.17.)

1. un lit — des *lits*
2. une table — des *tables*
3. un journal — des *journaux*
4. un récital — des *récitals*
5. un trou — des *trous*
6. un bijou — des *bijoux*
7. un travail — des *travaux*
8. un détail — des *détails*
9. un Canadien — des *Canadiens*
10. un Français — des *Français*
11. un monsieur — des *messieurs*
12. un jeune homme — des *jeunes gens*
13. un ciel — des *ciels*
14. un œil — des *yeux*

Attention aux noms composés ! (Voir tableau 1.18.)

15. le grand-père — les *grands-pères*
16. l'ouvre-boîte — les *ouvre-boîtes*
17. le va-et-vient — les __
18. le gratte-ciel — les __
19. le réveille-matin — les __
20. le porte-monnaie — les __
21. l'arc-en-ciel — les *arcs-en-ciel*
22. le timbre-poste — les *timbres-poste*
23. le couvre-lit — les *couvre-lits*
24. le tire-bouchon — les *tire-bouchons*

4. Les pronoms compléments directs *le, la, l'* et *les*

4A Remplacez les mots soulignés par les pronoms *le, la, l'* ou *les*. (Voir tableau 1.19)

1. Elle apprécie beaucoup sa patronne.
   L'apprécie
2. Quand prenez-vous vos vacances ?
   Les prenez-vous
3. Ils n'écoutent pas toujours le professeur.
   ne l'écoutent pas
4. Il cherche sa copine.
   la cherche
5. Il veut voir son parrain.
   Le voir

5. Traduction

5A Il existe plusieurs présents en anglais tandis qu'en français il n'y en a qu'un. Traduisez les phrases suivantes pour mieux comprendre cette différence entre les deux langues.

ANGLAIS   FRANÇAIS

1. He is singing now.   _____
   He sings on Sundays.   _____
   He does sing sometimes.   _____

2. Is she studying right now?   _____
   She studies on Sundays?   _____
   Does she study sometimes?   _____

3. They are fighting now.   _____
   They fight often.   _____
   Do they fight sometimes?   _____

5B Utilisez *venir de* + infinitif dans cet exercice. (Voir tableau 1.11.)

ANGLAIS   FRANÇAIS

1. I have just eaten.   _____
2. We have just arrived.   _____
3. They just got married.   _____

5C Utilisez le futur proche avec *aller* + infinitif dans cet exercice. (Voir tableau 1.11.)

ANGLAIS   FRANÇAIS

1. She is going to eat in five minutes.   _____
2. We are going to see a film tonight.   _____
3. They are going to get married.   _____

5D Utilisez *depuis* + le présent de l'indicatif dans cet exercice. (Voir tableaux 1.10 et 1.21.)

1. I have been smoking for five years.

_____

2. We have been writing to each other for three months.

_____

3. He has been working at the same factory for six years.

_____

4. She has been learning French since September.

_____

5E Utilisez *être en train de* + l'infinitif dans cet exercice. (Voir tableau 1.11.)

	ANGLAIS	FRANÇAIS
1.	He is reading.	_____
2.	She is writing a letter.	_____
3.	You are studying?	_____

5F Utilisez *être sur le point de* + l'infinitif dans cet exercice. (Voir tableau 1.11)

	ANGLAIS	FRANÇAIS
1.	She is about to leave.	_____
2.	They are about to get engaged.	_____
3.	We are about to eat.	_____

5G Traduisez les phrases suivantes. (Voir tableau 1.21)

1. Let's make an appointment for next week.
   _____

2. Cook on low heat for about twenty minutes.
   _____

3. They have been going out together for two years.
   _____

6. Expression écrite

6A Corrigez les phrases suivantes. (Voir tableau 1.22)

1. Elle prends l'autobus pour aller rencontrer son fiancée. (2 fautes)
2. Il ne connait pas la nouvelle addresse de ses cousins. (2 fautes)
3. Dépêches-toi parce que nous sommes déja en retard. (2 fautes)

6B Composez le texte d'une publicité française qui servira à vendre un produit que vous voulez mettre sur le marché. Utilisez le présent de l'indicatif et l'impératif.

_____
_____
_____
_____
_____
_____
_____
_____

D'autres horizons...

Sur le thème de l'amour, nous proposons comme lecture le roman *L'Amant* de Marguerite Duras. Ce roman autobiographique publié en 1984 a valu à son auteure le prix Goncourt. Madame Duras y raconte son adolescence et sa liaison amoureuse avec un homme chinois plus âgé qu'elle.

Côté cinéma, nous suggérons le film *Le fabuleux destin d'Amélie Poulain*, réalisé en 2001 par Jean-Pierre Jeunet. Cette œuvre aborde plusieurs thèmes dont la quête du bonheur et les relations amoureuses.

CHAPITRE 2

Vocabulaire

Exercice 1 : Mots à compléter
Exercice 2 : Mots de la même famille
Exercice 3 : Correspondances

Lecture

Une Vendetta (conte) avec questions de compréhension

Grammaire

1. Le passé composé
2. L'imparfait
3. Le plus-que-parfait
4. Le passé simple
5. Traduction
6. Expression écrite

D'autres horizons...

Vocabulaire

Exercice 1 : Mots à compléter

Complétez les mots suivants à l'aide des lettres données. Les mots sont tirés du vocabulaire du chapitre 2.

1. On dit que Manon r _ _ s _ _ _ _ _ _ t à son père quand elle était plus jeune.
2. La situation était devenue insupportable, alors Fannie a _ u _ _ t _ la maison.
3. Aujourd'hui, les familles sont moins n _ _ _ _ _ _ _ _ _ qu'autrefois.
4. La famille Lebrun pense s' i _ _ t _ _ _ _ r à Genève : Madame Lebrun a eu une promotion dernièrement.
5. Le matin, elle doit laisser sa petite fille à la _ _ _ d _ _ i _ avant d'aller au bureau.
6. Jeanne et Marc veulent f _ _ _ _ _ une famille. Ils vont peut-être adopter un o _ _ _ _ l _ _.
7. Fannie a j u _ _ qu'elle n'oublierait pas son _ é _ i _ _ g _.
8. Une mère s' i _ q _ _ _ _ _ souvent de ses enfants même quand ils sont ad _ _ t _ s.

Exercice 2 : Mots de la même famille

Trouvez le nom qui correspond à chacun des adjectifs suivants. Indiquez le genre (masculin ou féminin) en utilisant les articles *le* ou *la*.

1. triste — la tristesse
2. joyeux — la joie
3. malheureux — le malheur
4. loyal — la loyauté
5. inquiet — l'inquiétude
6. fier — la fierté
7. soucieux — le souci
8. traître — la traîtrise
9. souriant — le sourire
10. déchiré — le déchirement

Exercice 3 : Correspondances

Reliez les mots de la colonne A à ceux de la colonne B pour former une expression verbale. Les mots de la colonne B sont dans le désordre.

Colonne A

1. se mettre — c
2. fondre — e
3. se faire — a
4. élever — b
5. vivre — d

Colonne B

a) du souci
b) des enfants
c) en colère
d) à la maison
e) en larmes

Puis faites une phrase complète avec chacune des expressions en utilisant les temps du passé.

Phrase 1 : _____

Phrase 2 : _____

Phrase 3 : _____

Phrase 4 : _____

Phrase 5 : _____

Lecture

Lisez le texte ci-dessous puis répondez aux questions de compréhension. Cherchez le sens des mots en caractères gras dans un dictionnaire bilingue.

Une Vendetta

La **veuve** de Paolo Saverini habitait seule avec son fils une petite maison pauvre sur les **remparts** de **Bonifacio**. La ville, bâtie sur une **avancée** de la montagne, regarde, suspendue même par places au-dessus de la mer, la côte plus basse de la **Sardaigne**. À ses pieds, de l'autre côté, la contournant presque entièrement, une coupure de la **falaise**, qui ressemble à un gigantesque corridor, lui sert de port, amène jusqu'aux premières maisons les petits bateaux pêcheurs italiens ou sardes, et, chaque quinzaine, le vieux bateau à vapeur poussif qui fait le service d'**Ajaccio**. Sur la montagne blanche, le tas de maisons pose une tache plus blanche encore. Elles ont l'air de nids d'oiseaux sauvages, accrochées ainsi sur ce roc, dominant sur ce passage terrible où ne s'aventurent guère les navires. Le vent, sans repos, fatigue la côte nue, à peine vêtue d'herbe ; il s'engouffre dans le détroit, dont il ravage les deux bords.

La maison de la veuve Saverini, **soudée** au bord même de la falaise, ouvrait ses trois fenêtres sur cet horizon sauvage et désolé. Elle vivait là, seule, avec son fils Antoine et leur chienne « Sémillante », grande bête maigre, aux poils longs et rudes, de la race des gardeurs de troupeaux. Elle servait au jeune homme pour chasser.

Un soir, après une dispute, Antoine Saverini fut tué traîtreusement, d'un coup de couteau, par Nicholas Ravolati, qui, la nuit même, se rendit en Sardaigne. Quand la vieille mère reçut le corps de son enfant, elle ne pleura pas, mais elle demeura longtemps immobile à le regarder, puis, étendant sa main ridée sur le cadavre, elle lui promit la vendetta. Elle ne voulut point qu'on restât avec elle, et elle s'enferma auprès du corps avec la chienne, qui hurlait. Elle **hurlait**, cette bête, d'une façon continue, debout au pied du lit, la tête tendue vers son maître, et la queue serrée entre les pattes. Elle ne bougeait pas plus que la mère, qui, penchée maintenant sur le corps, l'œil fixe, pleurait de grosses larmes muettes en le contemplant.

Le jeune homme, sur le dos, vêtu de sa veste de gros drap, trouée et déchirée à la poitrine, semblait dormir ; mais il avait du sang partout. La vieille mère se mit à lui parler. Au bruit de cette voix, la chienne **se tut**.

— Va, va, tu seras vengé, mon garçon, mon pauvre enfant. Dors, dors, tu seras vengé, entends-tu ? C'est la mère qui le promet ! Et elle tient toujours sa parole, la mère, tu le sais bien.

Et lentement elle se pencha vers lui, collant ses lèvres froides sur les lèvres mortes. Alors, Sémillante se remit à **gémir**. Elle poussait une longue plainte monotone, déchirante, horrible. Elles restèrent là, toutes les deux, la femme et la bête, jusqu'au matin. Antoine Saverini fut enterré le lendemain, et bientôt on ne parla plus de lui dans Bonifacio.

*

Il n'avait laissé ni frère, ni proches cousins. Aucun homme n'était là pour poursuivre la vendetta. Seule, la mère y pensait. De l'autre côté du détroit, elle voyait du matin au soir un point blanc sur la côte. C'est un petit village sarde, Longosardo, où se réfugient les bandits corses traqués de trop près. Ils peuplent presque seuls ce hameau, en face des côtes de leur patrie, et ils attendent là le moment de revenir, de retourner au maquis. C'est dans ce village, elle le savait, que s'était réfugié Nicholas Ravolati. Toute seule, tout le long du jour, assise à sa fenêtre, elle regardait là-bas en songeant à la vengeance. Comment ferait-elle sans personne, infirme, si près de la mort ? Mais elle avait promis, elle avait **juré** sur le cadavre. Elle ne pouvait oublier, elle ne pouvait attendre. Que ferait-elle ? Elle ne dormait plus la nuit ; elle n'avait plus ni repos ni apaisement ; elle cherchait, obstinée. La chienne sommeillait, et, parfois, levant la tête, hurlait au loin. Depuis que son maître n'était plus là, elle hurlait souvent ainsi, comme si elle l'eut appelé, comme si son âme de bête, inconsolable, eut aussi gardé le souvenir que rien n'efface.

Or, une nuit, comme Sémillante se remettait à gémir, la mère eut une idée, une idée de sauvage vindicatif et féroce. Elle la médita jusqu'au matin ; puis levée dès les approches du jour, elle se rendit à l'église. Elle pria devant Dieu, le suppliant de l'aider, de la soutenir, de donner à son pauvre corps usé la force qu'il lui fallait pour venger le fils. Puis, elle rentra. Elle avait dans sa cour un ancien **baril défoncé** qui recueillait l'eau dans les **gouttières** ; elle le renversa, le mis contre le sol avec des pieux et des pierres ; puis elle enchaîna Sémillante à cette niche, et elle rentra. Elle marchait sans repos dans sa chambre, l'œil fixé toujours sur la côte de la Sardaigne. Il était là-bas l'assassin.

La chienne, tout le jour et toute la nuit hurla. La vieille, au matin, lui porta de l'eau dans une jatte ; mais rien de plus ; pas de soupe, pas de pain. La journée encore s'écoula. Sémillante, exténuée, dormait. Le lendemain, elle avait les yeux luisants, le poil hérissé, et elle tirait éperdument sur sa chaîne. La vieille ne lui donna encore rien à manger. La bête, devenue furieuse, **aboyait** d'une voix **rauque**. La nuit encore se passa.

Alors, au jour levé, la mère Saverini alla chez le voisin, demander deux bottes de paille. Elle prit de vieux vêtements qu'avait portés autrefois son mari, et les bourra de fourrage, pour simuler un corps humain. Ayant piqué un bâton dans le sol, devant la niche de Sémillante, elle noua dessus ce mannequin, qui semblait ainsi se tenir debout. Puis elle figura la tête au moyen d'un paquet de vieux linge. La chienne, surprise, regardait cet homme de paille, et se taisait bien que dévorée de faim. Alors, la vieille alla acheter chez le charcutier un long morceau de **boudin** noir. Rentrée chez elle, elle alluma un feu de bois dans sa cour, auprès de la niche, et fit griller son boudin. Sémillante, affolée, bondissait, **écumait**, les yeux fixés sur le gril. Puis la mère fit de cette bouillie fumante une cravate à l'homme de paille. Elle la lui **ficela** longtemps autour du cou, comme pour la lui rentrer dedans. Quand ce fut fini, elle déchaîna la chienne.

D'un saut formidable, la bête atteignit la gorge du mannequin, et, les pattes sur les épaules, se mit à le déchirer. Elle enlevait le visage par grands coups de dents, mettait **en lambeaux** le col entier. La vieille, immobile et muette, regardait, l'œil allumé. Puis elle enchaîna la bête, la fit encore jeûner deux jours, et recommença, cet étrange exercice. Pendant trois mois, elle l'habitua à cette sorte de lutte, à ce repas acquis à coups de dents. Elle ne l'enchaînait plus maintenant, mais elle la lançait d'un geste sur le mannequin. Elle lui avait appris à le déchirer, à le dévorer, sans même qu'aucune nourriture fut cachée en sa gorge. Elle lui donnait ensuite, comme récompense, le boudin grillé pour elle. Dès qu'elle apercevait l'homme de paille, Sémillante frémissait, puis tournait les yeux vers sa maîtresse, qui lui criait : « Va ! » d'une voix sifflante, en levant le doigt. Quand elle jugea le temps venu, la mère Saverini alla se confesser et communia, un dimanche matin, avec une ferveur extatique ; puis, ayant revêtu des habits d'homme, semblable à un vieux pauvre, elle fit marché avec un pêcheur sarde, qui la conduisit, accompagnée de sa chienne, de l'autre côté du détroit. Elle avait dans un sac de toile, un grand morceau de boudin. Sémillante jeûnait depuis deux jours. La vieille femme, à tout moment, lui faisait sentir la nourriture odorante, et l'excitait.

Elles entrèrent dans Longosardo. Elle se présenta à un boulanger et demanda la demeure de Nicholas Ravolati. Il avait repris son ancien métier, celui de menuisier. Il travaillait seul au fond de sa boutique. La vieille poussa la porte et l'appela. Il se tourna ; alors, lâchant sa chienne, elle cria :

— Va, va, dévore, dévore !

L'animal affolé, s'élança, saisit la gorge. L'homme étendit les bras, roula par terre. Pendant quelques secondes, il se tordit, battant le sol de ses pieds ; puis il demeura immobile, pendant que Sémillante lui dévorait le cou, qu'elle arrachait par lambeaux. Deux voisins, assis sur leur porte, se rappelèrent parfaitement avoir vu sortir un vieux pauvre avec un chien noir efflanqué qui mangeait, tout en marchant, quelque chose de brun que lui donnait son maître.

La vieille, le soir, était rentrée chez elle. Elle dormit bien, cette nuit-là.

Tiré de *Contes Choisis* de Guy de Maupassant, pp. 115-121.

Vocabulaire pour la compréhension

vendetta : coutume corse selon laquelle les membres de deux familles ennemies poursuivent une vengeance réciproque jusqu'au crime

veuve : femme dont le mari est décédé — *widow*

remparts : murs fortifiés d'une ville

Bonifacio : ville de Corse — *Corsica* (dans le Sud)

avancée : une extrémité

Sardaigne : île italienne située au sud de la Corse ; **sarde** : adjectif qui veut dire « de la Sardaigne »

falaise — *a cliff*

Ajaccio : ville de Corse (plus grande que Bonifacio)

soudée : attachée

hurlait (hurler) — *to howl*

se tut (se taire) : arrêter de parler (ici, on parle de la chienne qui arrête de hurler)

gémir — *to moan*

juré (jurer) — *to swear*

baril défoncé — *an old barrel*

gouttières — *drain pipes*

aboyait (aboyer) : bruit que fait un chien — *to bark*

rauque — *hoarse*

boudin — *black pudding, type of sausage*

écumait (écumer) — *foamed*

ficeler — *to tie up*

en lambeaux : en morceaux

Compréhension globale

Encerclez la bonne réponse.

1. Antoine Saverini a été tué...

    a) dans un accident de chasse.

    b) par un pêcheur sarde.

    c) par sa chienne Sémillante.

    d) dans une querelle.

2. Tout de suite après la mort de son fils, la vieille promet de...

    a) trouver l'assassin.

    b) venger son fils.

    c) tuer le père de son fils.

    d) tuer l'assassin.

3. Nicholas Ravolati...

    a) est sarde.

    b) s'est réfugié à Ajaccio.

    c) est en Sardaigne.

    d) a été arrêté par la police.

4. La vieille...

    a) tue de ses propres mains l'assassin de son fils.

    b) entraîne sa chienne à attaquer férocement.

    c) enseigne la chasse à sa chienne.

    d) donne régulièrement du boudin à sa chienne.

5. Pour réaliser son projet de vengeance, la veuve...

    a) se rend de l'autre côté du détroit en bateau.

    b) se rend à Ajaccio par le bateau à vapeur.

    c) fait un voyage d'une quinzaine en Sardaigne.

    d) attend le retour de Nicholas Ravolati à Bonifacio.

Compréhension détaillée

1. Quels sont les adjectifs utilisés dans le premier paragraphe pour décrire la ville de Bonifacio et ses environs ? Dans sa description de cette région, quelle impression l'auteur nous donne-t-il ?

2. Décrivez la réaction de la vieille mère lorsque son fils est tué. Comparez sa réaction à celle de la chienne « Sémillante ».

3. Quel est le plan de vengeance de la vieille mère ?

4. Décrivez le mannequin (homme de paille). Pourquoi la vieille utilise-t-elle du boudin noir ? Qu'est-ce qu'elle veut que la chienne fasse ?

5. Expliquez la dernière phrase du texte : « Elle dormit bien, cette nuit-là. » En quoi cette phrase est-elle ironique ?

Réflexion

1. Croyez-vous que ce type de vendetta soit toujours pratiqué aujourd'hui ? Expliquez.
2. Avez-vous aimé ce conte ? Quels sont les aspects qui vous ont plu ?

Grammaire

Que sais-je ?

Indiquez la bonne réponse et expliquez votre choix.

1. Quand on parle de ce qui est arrivé la semaine dernière, on utilise...

    ___ a) l'impératif.

    ✓ b) le passé composé.

    ___ c) le futur.

2. Pour former le passé composé, on utilise...

    ___ a) l'auxiliaire *avoir* ou *être* suivi de l'infinitif.

    ___ b) l'auxiliaire *avoir* ou *être* suivi de l'impératif.

    ✓ c) l'auxiliaire *avoir* ou *être* suivi du participe passé.

3. Les verbes pronominaux au passé composé se conjuguent avec...

    ✓ a) l'auxiliaire *être*.

    ___ b) l'auxiliaire *avoir*.

    ___ c) parfois *avoir* et parfois *être*.

4. Les verbes dont le participe passé se termine en *é* sont des verbes...

    ✓ a) en *er*.

    ___ b) en *ir*.

    ___ c) en *re*.

5. Dans la phrase « Hier, j'ai appris la nouvelle à Gaston. », le complément d'objet direct est...

    ___ a) *j'*.

    ✓ b) *la nouvelle*.

    ___ c) *à Gaston*.

6. Le passé simple est un temps utilisé...

    ___ a) surtout dans la conversation.

    ___ b) surtout dans la correspondance.

    ✓ c) surtout dans la littérature.

1. Le passé composé

1A Mettez chaque verbe au passé composé. Attention à l'auxiliaire ! (Voir tableaux 2.1 et 2.2.)

L'année dernière, je _____ (**1.** *visiter*) Paris. Je _____ (**2.** *passer*) trois semaines avec ma copine dans cette ville splendide.

Nous _____ (**3.** *monter*) à la deuxième plate-forme de la tour Eiffel et nous _____ (**4.** *aller*) voir trois musées : le musée du Louvre, le musée d'Orsay et le musée Rodin. Après, nous _____ (5. *se promener*) dans le Quartier Latin. Un après-midi, nous _____ (6. *prendre*) le métro pour aller au cimetière du Père Lachaise. Je _____ (7. *prendre*) beaucoup de photos ce jour-là. Pendant mon séjour à Paris, il _____ (8. *souvent pleuvoir*) et je _____ (9. *devoir*) m'abriter dans des cafés. Cela m'_____ (10. *permettre*) de faire la connaissance de plusieurs Parisiens. C'était un voyage inoubliable !

1B **Mettez les verbes au passé composé. Employez l'auxiliaire *avoir*. (Voir tableau 2.1.)**

1. (vous) danser _____
2. (on) rencontrer _____
3. (je) voyager _____
4. (tu) attendre _____
5. (il) vendre _____
6. (elles) répondre _____
7. (elle) grandir _____
8. (nous) réfléchir _____
9. (vous) finir _____

Mettez les verbes au passé composé. Employez l'auxiliaire *être*. (Voir tableau 2.1.)

10. (elle) venir _____
11. (elles) naître _____
12. (nous) sortir _____
13. (il) mourir _____
14. (on) rester _____
15. (tu) partir _____
16. (vous) tomber _____
17. (elle) entrer _____
18. (tu) descendre _____

Mettez les verbes au passé composé. Employez l'auxiliaire *avoir*. Attention aux participes passés qui ont une forme irrégulière ! (Voir appendice A.)

19. (je/j') avoir _____
20. (tu) être _____
21. (elle) courir _____
22. (il) tenir _____
23. (nous) suivre   suivi
24. (vous) couvrir   couvert
25. (ils) offrir   offert

26. (elles) souffrir _souffert_
27. (je) boire
28. (elle) croire
29. (on) lire
30. (nous) résoudre
31. (il) vivre _vécu_
32. (je) faire
33. (elles) conduire
34. (tu) rire
35. (vous) dire

1C Donnez l'infinitif de chaque verbe.

1. elle a pu
2. nous avons atteint
3. il a démissionné
4. tu as rougi
5. vous avez été
6. elles ont peint
7. elle a prédit
8. il s'est mépris
9. ils ont souri
10. vous avez eu

1D Récrivez les phrases suivantes au passé composé.

1. Je dis la vérité.

2. Nous voyons un film.

3. Elle doit travailler.

4. J'aperçois une ruelle.

5. Pouvez-vous l'aider ?
Avez-vous pu l'aider

6. Il faut parler anglais ?

7. Nous écrivons des lettres.

8. Nous rions.

9. Ce film vous plaît ?

_____vous a plu_____

10. Vous voulez partir ?

_____

1E Faites l'accord du participe passé s'il y a lieu. (Voir tableaux 2.4 et 2.5.)

1. Nous sommes rentré _____ à minuit.
2. Elles sont arrivé _____ en retard.
3. Ils sont revenu _____ au Canada l'année dernière.
4. Vous êtes allé _____ au concert, Mesdames ?
5. Elle s'est cassé _____ la jambe en faisant du ski.
6. Elle s'est foulé _____ le pied en dansant.
7. Sa jambe ? Elle se l'est cassé _____ en faisant du ski.
8. Ses mains ? Elle se les est lavé _____ avant le repas.
9. Après cela, les années se sont succédé _____ dans le bonheur.
10. Ils se sont jeté _____ un coup d'œil complice.
11. Elles se sont écrit _____ pendant les grandes vacances.
12. Nous ne nous sommes pas vu _____ depuis cinq ans.
13. S'étant levé _____ trop tôt, la petite fille était fatiguée.
14. Les deux frères ne se sont jamais pardonné _____.
15. La robe que j'ai fait _____ faire est belle.
16. La voiture que vous avez fait _____ réparer est vieille.
17. Mme Dupont ? Je l'ai entendu _____ sortir il y a cinq minutes.
18. J'ai vu _____ ta sœur tomber sur la glace.
19. Quand elle a vu _____ ses amies arriver chez elle sans prévenir, elle s'est évanoui _____.
20. Combien de livres as-tu acheté _____ ?
21. Combien de films est-ce que Gérard Depardieu a tourné _____ entre 1960 et 1980 ?
22. J'en ai connu _____ de fort troublants.
23. Tu as pris des vitamines ? Oui, j'en ai pris _____.
24. La lettre de ton père ? Je n'y ai pas répondu _____.
25. Les réservations ? Je n'y ai pas pensé _____.
26. Avez-vous bien mangé _____, bien bu _____ ?
27. Ils n'ont pas reçu _____ la lettre que je leur ai écrit _____.
28. Vous ont-ils raconté _____ des histoires drôles ?
29. Quelle langue as-tu appris _____ au lycée ?
30. Laquelle as-tu appris _____ ?
31. Quelles méthodes a-t-il proposé _____ ?
32. Lesquelles a-t-il proposé _____ ?
33. La leçon que je n'ai pas compris _____ figurait à l'examen.

34. Lui a-t-il téléphoné _____ ?

35. Ta composition, l'as-tu fait _____ ?

36. Je leur ai donné _____ tous les renseignements nécessaires.

37. Je la lui ai donné _____.

38. Il s'est mis _____ à pleuvoir.

1F Mettez les phrases suivantes au passé composé et placez l'adverbe après l'auxiliaire mais avant le participe passé.

1. Tu remplis ton verre ? (déjà)
   Tu as déjà rempli

2. Il pleut. (beaucoup)
   Il a beaucoup plu

3. Vous mangez. (trop)
   avez trop mangé

4. Vous buvez. (assez)
   avez assez bu

5. Nous visitons la France. (souvent)
   avons souvent visité

6. La secrétaire tape le document. (mal)
   a mal tapé

7. Tu travailles ? (bien)
   as bien travaillé

8. Elle dort. (mal)
   a mal dormi

1G Mettez les verbes entre parenthèses au passé composé. Utilisez le bon auxiliaire. (Voir tableau 2.2.)

1. Je _____ (sortir) la voiture du garage.

2. La reine _____ (descendre) l'escalier gracieusement.

3. Elle _____ (passer) par Paris cet été.

4. Nous _____ (sortir) avec nos cousins.

5. Tu _____ (rentrer) les chaises ? Une chance parce qu'il va pleuvoir !

6. Le porteur _____ (monter) nos valises.

7. Les deux voleurs _____ (monter) dans un taxi.

8. Il _____ (passer) une journée très difficile.

9. La gardienne _____ (sortir) le bébé ce matin.

10. Elle _____ (retourner) au Canada pour se marier.

11. Elle _____ (retourner) la nappe pour cacher les taches.

1H Mettez les phrases suivantes au passé composé.

1. Je ne mange rien. _____

2. Je ne bois rien. _____

3. Je ne vois personne. _____

4. Je ne sors jamais. _____

5. Je ne vais nulle part. _____

6. Je ne lis rien. _____

7. Je n'aime aucune émission de télévision. _____
_____

8. Rien d'intéressant ne m'arrive. _____

9. Personne ne m'aime. _____

10. Personne ne me téléphone. _____

1I Mettez les phrases suivantes à la forme interrogative. Utilisez l'inversion.

1. Il a mangé tous les petits pains.
_____

2. Elle leur a téléphoné pour prendre de leurs nouvelles.
_____

3. Elle lui a rendu visite la semaine dernière.
_____

4. Il a fait son lit ce matin avant de partir.
_____

5. On a soupçonné quelque chose de louche dans cette affaire.
_____

6. Il a invité certains de ses amis chez lui.
_____

7. On a parfois essayé de tricher.
_____

8. Il y a encore eu quelque chose à faire.
_____

2. L'imparfait

2A Mettez les verbes à l'imparfait. (Voir tableau 2.7.)

1. (nous) parler _____
2. (vous) laver _____
3. (tu) marcher _____
4. (elle) danser _____
5. (elles) rougir _____
6. (je) définir _____
7. (il) grandir _____
8. (nous) réfléchir _____
9. (tu) répondre _____
10. (il) attendre _____

11. (ils) pendre _____
12. (vous) prendre _____
13. (nous) être _____
14. (je/j') être _____
15. (vous) manger _____
16. (ils) faire _____
17. (nous) rire _____
18. (vous) étudier _____
19. (tu) croire _____
20. (nous) voir _____
21. (il) prononcer _____
22. (je/j') aller _____
23. (elles) venir _____
24. (elle) nager _____
25. (je) se détendre _____
26. (vous) vouloir _____
27. (tu) pouvoir _____
28. (il) se réveiller _____
29. (il) pleuvoir _____
30. (il) neiger _____
31. (elles) avoir _____
32. (nous) boire _____
33. (tu) connaître _____
34. (elle) dire _____
35. (vous) écrire _____

2B On utilise l'imparfait pour décrire une personne, une chose, un aspect. Mettez les verbes suivants à l'imparfait. (Voir tableau 2.8.)

Le soir du meurtre, je/j' _____ (1. *être*) dans un café. Il _____ (2. *faire*) très froid dehors. Il _____ (3. *neiger*). Je/j' _____ (4. *avoir*) faim et je _____ (5. *vouloir*) manger, mais je _____ (6. *ne pas avoir*) assez d'argent. Les trois autres clients _____ (7. *manger*) et me _____ (8. *regarder*) de temps en temps. Moi qui ne _____ (9. *boire*) qu'un chocolat chaud. Le café _____ (10. *être*) presque vide ce soir-là, et le garçon _____ (11. *s'ennuyer*). Mais il _____ (12. *essayer*) quand même de trouver quelque chose à faire.

2C On utilise l'imparfait pour décrire un fait tel qu'il était dans le passé, sans indiquer le début ni la fin de l'état décrit. On utilise aussi l'imparfait pour décrire une action habituelle ou pour décrire comment étaient les choses à une certaine époque. Mettez les verbes suivants à l'imparfait. (Voir tableau 2.8.)

1. Elle _____ (aimer) se promener sous la pluie.

2. À cette époque-là, nous _____ (vivre) dans une grande maison près de la mer.

3. Il _____ (pleuvoir) et elles _____ (ne pas avoir) envie de sortir.

4. Quand il _____ (être) petit, il _____ (se battre) souvent avec son frère.

5. Ils _____ (se sentir) fatigués.

6. Mes enfants _____ (ne pas manger) d'épinards quand ils _____ (être) jeunes.

7. Le dimanche, nous _____ (rendre visite) à mon oncle Eugène.

8. Elle _____ (s'entraîner) chaque jour pour les Jeux olympiques.

9. Je/j' _____ (étudier) tous les soirs à la bibliothèque.

10. Elle _____ (pleurer) chaque fois qu'elle _____ (penser) à sa mère.

11. C' _____ (être) le bon vieux temps. Nous _____ (se voir) tous les jours, nous _____ (voyager) tous les étés ensemble et nous _____ (gagner) beaucoup d'argent.

2D On utilise l'imparfait pour décrire une action interrompue par une autre action. Mettez l'action qui est interrompue à l'imparfait et l'autre au passé composé. (Voir tableau 2.8.)

1. Je _____ (prendre) mon bain quand le téléphone _____ (sonner).

2. Lorsque nos parents _____ (arriver), nous _____ (manger).

3. Elle _____ (conduire) prudemment quand l'accident _____ (avoir) lieu.

4. Quand le voleur _____ (entrer) chez vous, vous _____ (dormir) ?

5. Il _____ (être) en train de s'endormir quand il _____ (entendre) l'explosion.

2E On utilise l'imparfait pour décrire ce qu'on pensait, surtout avec certains verbes comme *croire, penser, savoir, s'imaginer* et *sembler*. Mettez les verbes suivants à l'imparfait. (Voir tableau 2.8.)

1. Elles _____ (savoir) ce qu'elles _____ (vouloir) dès un très jeune âge.

2. Je _____ (croire) qu'il _____ (être) malade, car il _____ (avoir) le visage blême.

3. _____ (penser)-vous à cette époque-là que vous seriez un jour un chanteur célèbre ?

4. Il _____ (sembler) surpris par le respect inattendu que lui _____ (montrer) ses étudiants.

5. Elle _____ (s'imaginer) que toutes sortes de choses horribles _____ (pouvoir) lui arriver.

2F On emploie l'imparfait dans une phrase hypothétique introduite par *si* lorsque la proposition principale est au conditionnel présent. Complétez chaque phrase en employant l'imparfait. (Voir tableau 2.8.)

1. Si _____, je vivrais à Paris.
2. Si _____, j'irais chez le dentiste.
3. Si _____, j'achèterais une belle voiture de sport.
4. Si _____, je finirais mes études universitaires.
5. Si _____, je serais très triste.

2G On utilise l'imparfait avec les expressions *depuis, il y avait… que, cela/faisait… que* pour exprimer une action commencée avant une autre dans le passé, et qui continue au moment où la deuxième action a lieu. Mettez les verbes utilisés avec ces expressions à l'imparfait et les autres verbes au passé composé. (Voir tableau 2.8.)

1. Quand les rivières _____ (commencer) à déborder, il _____ (pleuvoir) depuis une semaine.
2. Cela faisait dix ans qu'elle l'_____ (aimer) quand elle lui _____ (enfin déclarer) son amour.
3. Il y avait six mois que le patient _____ (souffrir) du cancer quand les docteurs _____ (décider) de l'opérer.
4. Lorsqu'ils _____ (déménager) à Vancouver, ils _____ (habiter) à Edmonton depuis cinq ans.

3. Le plus-que-parfait

3A Le plus-que-parfait est un temps composé formé de l'auxiliaire (*avoir* ou *être*) à l'imparfait suivi du participe passé. Mettez les verbes suivants au plus-que-parfait. (Voir tableau 2.10.)

1. (nous) amener _____
2. (elles) respecter _____
3. (vous) acheter _____
4. (il) s'agir _____
5. (tu) repartir _____
6. (il) sortir _____
7. (vous) entendre _____
8. (je) comprendre _____
9. (elles) devenir _____
10. (nous) boire _____
11. (il) avoir _____
12. (elles) rentrer _____
13. (il) neiger _____
14. (je/j') être _____

15. (tu) lire _____
16. [nous] rire _____
17. (elle) se laver _____
18. (il) s'en aller _____
19. (on) perdre _____
20. (vous) s'inquiéter _____

3B Le plus-que-parfait peut exprimer une action qui a eu lieu avant une autre action. Mettez au plus-que-parfait les verbes qui représentent une action logiquement antérieure. Mettez les autres verbes au passé composé. (Voir tableau 2.11.)

1. Quand nous _____ (se réveiller), nos invités _____ (déjà partir).
2. Le fermier _____ (déjà se lever) quand le coq _____ (chanter).
3. Quand je/j' _____ (quitter) la maison, je _____ (se rendre compte) que je/j' _____ (laisser) mes clefs à l'intérieur.

3C Le plus-que-parfait peut exprimer la cause d'une situation. Mettez les verbes au plus-que-parfait. (Voir tableau 2.11.)

1. Il faisait froid dans la maison parce que nous _____ (oublier) de mettre le chauffage avant de partir.
2. Elle a glissé sur les marches parce qu'elle _____ (ne pas enlever) la neige.
3. Il a été arrêté, car il _____ (ne pas payer) l'amende.

3D Le plus-que-parfait peut exprimer une action habituelle qui a eu lieu et qui précède une autre action habituelle. Mettez les verbes au plus-que-parfait. (Voir tableau 2.11.)

1. Quand elle _____ (finir) ses courses, elle se dépêchait de rentrer.
2. Lorsqu'il _____ (nettoyer) la cuisine, il regardait les nouvelles à la télévision.
3. Quand mon frère _____ (se brosser)] les dents, il allait se coucher.

3E Le plus-que-parfait s'emploie dans une phrase hypothétique introduite par *si* lorsque la proposition principale est au conditionnel passé. Complétez chaque phrase en employant le plus-que-parfait. (Voir tableau 2.11.)

1. Si _____, je serais venu(e) immédiatement.
2. Si _____, je ne l'aurais jamais aimé(e).
3. Si _____, j'aurais posé ma candidature.
4. Si _____, j'aurais quitté le Canada.
5. Si _____, je me serais marié(e).

3F Complétez l'histoire suivante en mettant les verbes entre parenthèses au temps du passé (passé composé, imparfait ou plus-que-parfait) qui convient le mieux. C'est Amélie qui raconte l'histoire. (Voir tableaux 2.3, 2.8, 2.9 et 2.11.)

Hier, je/j' _me suis couchée_ (1. se coucher) tôt parce que je/j' _étais_ (2. être) vraiment fatiguée. Je/j' _dormais_ (3. dormir) profondément quand un bruit effrayant provenant de la rue devant chez moi me/m' _a réveillée_ (4. réveiller). Je/J' _suis allée_ (5. aller) à ma fenêtre pour voir ce qui _se passait_ (6. se passer). En premier, je/j' _n'ai rien vu_ (7. ne rien voir), mais en regardant plus à droite je/j' _ai aperçu_ (8. apercevoir) une voiture, une vieille Peugeot, qui _avait percuté_ (9. percuter) un arbre près du trottoir. L'accident _ne semblait pas_ (10. ne pas sembler) très sérieux mais je/j' _ai décidé_ (11. décider) d'appeler la police. Je/J' _ai aussi réveillé_ (12. aussi réveiller) mon mari qui _était resté_ (13. rester) endormi pendant tout ce temps-là. Nous _sommes sortis_ (14. sortir) pour voir si on _pouvait_ (15. pouvoir) aider la personne qui _avait eu_ (16. avoir) l'accident. Mais, arrivés dans la rue, nous _avons constaté_ (17. constater) que des voisins _étaient déjà sortis_ (18. déjà sortir) et que la police _était arrivée_ (19. arriver). Tout le monde, bien sûr, _essayait_ (20. essayer) d'aider le monsieur qui _avait eu_ (21. avoir) l'accident. Et comme il _n'y avait pas_ (22. ne pas y avoir) rien d'autre à faire et que le monsieur _n'était pas_ (23. ne pas être) blessé, nous _sommes rentrés_ (24. rentrer) chez nous et nous _nous sommes recouchés_ (25. se recoucher).

4. Le passé simple

4A Donnez le passé simple des verbes réguliers suivants. (Voir tableau 2.13.)

1. elle a cherché _____
2. nous sommes arrivés _____
3. il a marché _____
4. vous avez chanté _____
5. ils ont grandi _____
6. elle a réussi _____
7. nous avons rougi _____
8. on a diverti _____
9. nous avons répondu _____
10. elle a attendu _____
11. on a défendu _____
12. j'ai confondu _____

4B Donnez le passé simple des verbes irréguliers suivants. (Voir tableau 2.13.)

1. j'ai eu _____
2. elle est venue _____
3. on a mis _____

4. tu as fait _____
5. j'ai été _____
6. elle a su _____
7. on a répondu _____
8. elles ont offert _____
9. vous avez vu _____
10. tu as dit _____
11. nous avons bu _____
12. nous sommes nés _____
13. ils ont battu _____
14. elles sont mortes _____
15. j'ai écrit _____
16. nous avons vécu _____
17. il a voulu _____
18. elle a souffert _____
19. je suis allé _____
20. elle a cru _____

4C Conjuguez les verbes suivants au passé simple. (Voir appendice A.)

1. faire

je	_____	nous	_____
tu	_____	vous	_____
il/elle	_____	ils/elles	_____

2. être

je	_____	nous	_____
tu	_____	vous	_____
il/elle	_____	ils/elles	_____

3. avoir

je	_____	nous	_____
tu	_____	vous	_____
il/elle	_____	ils/elles	_____

4. prendre

je	_____	nous	_____
tu	_____	vous	_____
il/elle	_____	ils/elles	_____

4D Mettez les verbes entre parenthèses au passé simple.

Quand Daniel (**1.** *naître*), j'avais dix-huit ans. Je/j' (**2.** *acheter*) une quantité d'objets perfectionnés : baignoire pliante, chauffe-biberon à thermostat, stérilisateur. Je ne

(**3.** *savoir*) jamais m'en servir... J'emmenais parfois Daniel dans les cafés ; on l'y regardait avec surprise : ce n'était pas encore la mode. Il (**4.** *être*) un bébé précurseur, un bébé hippie avant la lettre. [...]

À cinq ans, il (**5.** *manifester*) un précoce instinct de protection en criant dans le métro d'une voix suraiguë : « Laissez passer ma maman. » [...] À neuf ans, nous (**6.** *avoir*) quelques conflits. Il (**7.** *refuser*) d'aller à l'école, de se laver et de manger du poisson. Un jour, je le (**8.** *plonger*) tout habillé dans une baignoire, un autre jour son père le (**9.** *porter*) sur son dos à l'école : il (**10.** *hurler*) tout le long du chemin. Ces essais éducatifs n' (**11.** *avoir*) aucun succès. À dix ans, au lycée, ayant reçu pour sujet de rédaction *Un beau souvenir*, il (**12.** *écrire*) ingénument : « Le plus beau souvenir de ma vie, c'est le mariage de mes parents. »

À quinze ans, il (**13.** *avoir*) une période yéyé. Nous (**14.** *collectionner*) les 45 tours [...] Il (**15.** *jouer*) de la clarinette. Il (**16.** *boire*) un peu. À dix-sept ans, il (**17.** *être*) bouddhiste. À dix-huit ans, il passa son bac [...]. Il (**18.** *faire*) 4 000 kilomètres en auto-stop, (**19.** *connaître*) les tribus du désert de Mauritanie, (**20.** *voir*) un éléphant en liberté, (**21.** *voyager*) à plat-ventre sur un wagon, [...]. Il (**22.** *revenir*) pratiquement sans chaussures. Il (**23.** *raser*) ses cheveux et (**24.** *faire*) sciences économiques. Voilà la saga de Daniel.

Tiré de *La Maison de papier* de Françoise Mallet-Joris.

1. _____
2. _____
3. _____
4. _____
5. _____
6. _____
7. _____
8. _____
9. _____
10. _____
11. _____
12. _____

13. _____
14. _____
15. _____
16. _____
17. _____
18. _____
19. _____
20. _____
21. _____
22. _____
23. _____
24. _____

5. Traduction

5A Traduisez les phrases suivantes en français. Utilisez le passé composé (sauf indication contraire).

1. He made three mistakes before giving up.

2. They wrote to each other for one year and then lost contact.

3. We arrived just on time for the second show.

4. Snow White ate the poisoned apple and she fell asleep. (passé simple)

5. I was not able to come to your party.

6. I must have left my wallet on the bus.

7. She tried on the dress but decided not to buy it.

8. When he stood up, he spilled his coffee.

9. We moved in the spring of 2003.

10. He turned over the steak.

11. I met her in London at the market.

12. She fell down and broke her ankle.

13. When he arrived home, he got a big surprise.

14. Did you eat before coming? (forme *tu*)

15. Did you have to go to the hospital for your migraine? (forme *vous*)

16. Did you win the tennis match? (forme *tu*)

17. Did you get up late this morning? (forme *vous*)

5B Le plus-que-parfait après *si* peut exprimer le regret. Traduisez les phrases suivantes en français. (Voir tableau 2.11.)

1. If only I had finished on time …

2. If only she had known …

3. If only he had stayed home …

4. If only you had forgiven him …

5. If only they had studied …

5C Le plus-que-parfait est utilisé avec *depuis* pour exprimer une action négative qui a débuté dans le passé avant une autre action dans le passé. Traduisez les phrases suivantes en français. (Voir tableau 2.11.)

1. They had not written or phoned in two years when they called.

2. Mary had not pronounced a word of French in ten years when she began her course.

3. The poet had not written a single poem in four years when he began his masterpiece.

5D Traduisez les phrases suivantes en français.

1. I was going to tell you that I could not come.

2. Conflicts between bosses and workers were going to become a chronic problem in the second half of the 19th century.

3. We had just eaten when he arrived.

4. She had just finished her homework.

5. I was doing the dishes while she was sleeping.

6. We didn't know what time it was.

7. She used to visit her aunt every Friday.

8. How about going shopping this afternoon?

9. I would scream when my brother would show me a big spider.

10. They looked tired when I saw them.

11. He was writing a letter when I came in.

5E Traduisez les phrases suivantes en français.

1. He used to phone me every evening.

2. When I was young, I liked to skate on the pond.

3. She spoke continually about her children.

4. I often went to the mountains to relax.

5. She was often ill during her pregnancy.

5F Attention aux différences entre la langue française et la langue anglaise en ce qui concerne le plus-que-parfait. Traduisez les phrases suivantes en français.

1. She sent back the parcel they sent her.

2. I thought you lost your keys.

3. My mother still had the letters my father wrote to her when they were in high school.

6. Expression écrite

6A Complétez le passage en utilisant les mots de la liste ci-dessous.

à ce moment-là	tout à coup	ce matin-là
pendant	pourtant	mais
un peu plus tard	de nouveau	enfin

_____ (1) je me suis réveillé avec l'intention d'aller à la plage et de me baigner. Je me suis habillé et je suis descendu à la cuisine. _____ (2) le petit déjeuner, mon patron m'a téléphoné pour voir si je pouvais aller au travail _____ (3). J'ai refusé poliment en disant que j'avais d'autres projets. _____ (4) ma femme est entrée dans la cuisine pour me demander si je pouvais l'aider à peindre les murs. _____ (5) j'ai refusé poliment en disant que j'avais d'autres projets. Elle est partie, furieuse, et j'ai poussé un soupir de soulagement. J'ai pris mon maillot de bain et une grande serviette et je m'apprêtais à partir. Mais, _____ (6) j'ai entendu un bruit atroce qui venait du jardin situé derrière la maison. J'ai couru vers le bruit _____ (7) je n'ai rien vu. _____ (8), les gémissements continuaient. Ils semblaient venir du garage. J'ai donc ouvert la porte et j'ai tout de suite vu ce qui se passait. Notre chien avait été attaqué par notre chat. Le pauvre chien tremblait et il avait le museu qui saignait un peu. Je suis _____ (9) parti pour la plage avec le chien, qui, maintenant, refusait de me quitter.

6B Faites des phrases qui illustrent bien l'emploi des mots entre parenthèses.

1. (par ailleurs) _____
2. (car) _____
3. (grâce à) _____
4. (dans la mesure où) _____
5. (toutefois) _____
6. (d'une part… d'autre part) _____
_____
_____
7. (par exemple) _____
8. (néanmoins) _____

6C On utilise l'imparfait après la conjonction *si* pour proposer quelque chose à quelqu'un. Proposez à votre meilleur(e) ami(e) cinq choses à faire ce soir.

1. _____
2. _____
3. _____
4. _____
5. _____

6D Faites cinq phrases qui illustrent chacune un emploi particulier de l'imparfait.

1. _____
2. _____
3. _____
4. _____
5. _____

6E Faites cinq phrases qui illustrent chacune un emploi particulier du passé composé.

1. _____
2. _____
3. _____
4. _____
5. _____

6F Composez de petits paragraphes avec les éléments indiqués.

1. (d'abord, ensuite, enfin)

_____
_____
_____
_____
_____

Expression écrite

2. (en premier lieu, par ailleurs, en outre, ainsi)

3. (d'abord, *aller* + infinitif, puis, *aller* + infinitif, enfin, *aller* + infinitif)

6G Écrivez une petite composition dans laquelle vous racontez votre souvenir le plus cher. Rédigez votre texte en utilisant le passé composé et l'imparfait.

D'autres horizons...

Si vous avez aimé *La Vendetta*, nous vous proposons d'autres nouvelles de Guy de Maupassant qui abordent le thème de la famille, telles que *Mademoiselle Perle* et *Mon oncle Jules*.

Parmi les films récents qui abordent ce même thème, il y a *Les invasions barbares* (2003) de Denys Arcand, dans lequel on explore la relation père-fils.

CHAPITRE 3

Vocabulaire

Exercice 1 : Phrases à compléter
Exercice 2 : Mots de la même famille
Exercice 3 : Phrases à composer
Exercice 4 : Définitions

Lecture

Et si les parents ne servaient à rien? (article) avec questions de compréhension

Grammaire

1. Les articles
2. Les adjectifs démonstratifs
3. Les adjectifs possessifs
4. Traduction
5. Expression écrite

D'autres horizons...

Vocabulaire

Exercice 1 : Phrases à compléter

Remplissez les tirets par un mot de la liste ci-dessous. Vous ne devez pas utiliser le même mot plus d'une fois.

se spécialiser en – passer – enseigner – suivre – bénévole – bénéfice – brevet – l'alternance – crèche – une institutrice – un éducateur – réussir à

1. Lucie ne va pas _____ des cours d'histoire cette année. Elle a décidé qu'elle voulait _____ mathématiques.

2. Si elle _____ cet examen, elle obtiendra son _____ d'enseignement au mois de juin. Elle pourra donc commencer à _____ au mois de septembre.

3. Dans cette _____ privée, il y a _____ de jeunes enfants qui s'occupe du programme de chaque trimestre.

4. Elle va _____ les examens du bac cette année.

5. Le programme Grands Pas est un programme _____ : les étudiants ne sont pas obligés d'y participer.

Exercice 2 : Mots de la même famille

Remplissez le tableau suivant en relisant bien le vocabulaire du Chapitre 3.

verbe	nom abstrait (avec l'article)	nom de personne (m. et f.)
enseigner		
		un(e) apprenant(e)
conseiller		
	la titularisation	
se spécialiser		
	le parrainage	
	l'éducation	

Exercice 3 : Phrases à composer

Composez une phrase d'au moins huit mots en utilisant les éléments donnés et en suivant les consignes entre parenthèses.

1. échouer à (mettre au passé composé)

2. délinquant (mettre au pluriel)

3. étudier (mettre au présent de l'indicatif)

4. s'apprivoiser (mettre au passé composé)

5. être diplômé (mettre au présent de l'indicatif)

Exercice 4 : Définitions

Répondez aux questions suivantes en donnant une définition ou une explication.

1. Qu'est-ce que le bac ?

2. Un instituteur enseigne dans quel type d'école ?

3. Qu'est-ce qu'un éducateur de jeunes enfants ?

4. Qu'est-ce que l'alternance ?

Lecture

Lisez le texte ci-dessous puis répondez aux questions de compréhension. Il y a un total de 10 mots ou expressions en caractères gras. Il est fort possible que vous ne connaissiez pas le sens de ces mots ou expressions. Si c'est le cas, consultez un dictionnaire bilingue. (Voir tableau 3.17.)

Et si les parents ne servaient à rien ?

Selon une psychologue américaine, l'influence parentale sur les enfants pèse peu, comparée à celle des gènes ou de la vie sociale.

Les parents ne servent à rien. À rien du tout. Ils auront beau lire des histoires tous les soirs à leurs enfants, emboîter patiemment des legos avec eux, les initier à *Bach in utero*, leur impact sur le développement de la personnalité des enfants **compte pour du beurre**.

C'est une Américaine aux allures de grand-mère sage qui vient de jeter ce cocktail Molotov au beau milieu du champ bien ordonné des théories sur l'éducation. Elle s'appelle Judith Harris, et son livre *Pourquoi nos enfants deviennent ce qu'ils sont* (Laffont) **a déclenché** une énorme **polémique** à sa sortie aux États-Unis, l'été dernier. Il faut dire que le contenu est provocateur : parents, vous n'y pouvez rien. Vos enfants subissent des influences autrement importantes ; les gènes, d'une part, et la fréquentation des autres enfants, d'autre part. Le poids parental n'est rien ou si peu comparé à l'impact de la vie en cour de récréation, là où la vie sociale commence. [...]

À la sortie du livre de Judith Harris, une onde de choc a traversé la société américaine. Du magazine grand public *Newsweek* à la revue intello new-yorkaise *Commentary*, on s'est posé la même question **à la une** : « À quoi servent les parents ? » Tout le monde s'interroge : déculpabiliser les mères qui travaillent et les pères divorcés très absents, d'accord. Pourtant, ne risque-t-on pas de trop les **dédouaner**, de les déresponsabiliser ?

Le débat autour du livre est d'autant plus étonnant que son auteure est une inconnue, simple rédactrice de manuels de psychologie, clouée chez elle par une forme particulièrement pénible de sclérose. Judith Harris a concocté sa théorie dans sa banlieue du New Jersey. En **décortiquant** des travaux de psychologues, bien sûr, et aussi de généticiens, d'anthropologues, d'éthologues et de sociologues en tout genre. Et, surtout, en scrutant le comportement de ses propres filles, Nomi, l'aînée, si sage, et Elaine la cadette, enfant adoptée, tellement rebelle. Harris est une sorte de miss Marple qui tirerait ses conclusions sur la nature humaine de l'observation de ses voisins les plus proches.

Non seulement elle ne fait pas partie du **sérail** universitaire, mais elle en a été exclue avant sa thèse. « Vous n'avez pas les capacités de produire une recherche intéressante », avait décidé son directeur d'études à Harvard, George A. Miller. Ironie du sort, trente-cinq ans plus tard, distinguée par l'Association américaine de psychologie, elle recevra le prix... George A. Miller.

L'ex-étudiante vient de **détourner** la dispute entre la part d'inné (ce qui est génétique) et la part d'acquis (ce qui vient de notre environnement) pour allumer le feu sur un autre terrain : oui, l'entourage est important, dit-elle, mais pas celui qu'on croit. Foyer uni ou pas, parents disponibles ou pas, l'enfant forgera sa personnalité, ses goûts et son caractère ailleurs. Hors la famille. [...]

Au-delà de la provocation, le livre de Harris met en évidence l'un des phénomènes-clés de la société occidentale : le rôle croissant des « pairs », les autres enfants du même âge. « À l'adolescence, on s'inspire de plus en plus des copains et de moins en moins des parents, confirme Hughes Lagrange, chercheur au CNRS. D'une part, parce que la rapidité des changements technologiques a tendance à **périmer** l'idée d'un savoir-faire et de valeurs héritées « verticalement » de père en fils. D'autre part, parce que les jeunes sont dépendants de plus en plus longtemps de leurs parents. Ils ont besoin de se démarquer de la génération précédente en posant leurs propres normes **vestimentaires** ou culturelles. »

Article de Cécile Thibaud, tiré de *L'Express*, 25 février 1999, pp. 28-29. © L'Express 2004.

Compréhension globale

Dites si les affirmations suivantes sont vraies (V) ou fausses (F).

1. Judith Harris est une psychologue de renommée internationale. ____
2. Selon cette psychologue, l'influence des parents n'est pas aussi importante qu'on le croirait. ____
3. Le livre de Judith Harris a laissé beaucoup de personnes indifférentes. ____
4. Certains ont peur que la théorie de Judith Harris sur l'éducation des enfants ne déresponsabilise les parents. ____
5. Selon cette théorie, l'impact des « pairs » serait faible ou négligeable. ____

Compréhension détaillée

1. Quelles sont les activités que font les parents dans l'espoir que leurs enfants se développeront normalement ?
   _____
   _____

2. Résumez en une phrase la théorie de Judith Harris sur l'éducation des enfants.
   _____
   _____

3. Comment cette théorie a-t-elle été reçue aux États-Unis ?
   _____
   _____

4. Décrivez le « phénomène-clé » de la société occidentale mis en évidence par le livre de Harris. Expliquez ce qui se passe à l'adolescence.
   _____
   _____

Réflexion

1. Essayez de trouver dans votre vie (dans vos expériences personnelles) des exemples qui pourraient appuyer la théorie de Harris.
   _____
   _____
   _____

2. Êtes-vous d'accord avec l'idée générale de Harris ? Expliquez.
   _____
   _____
   _____

3. Est-ce que sa théorie évacue complètement le rôle des parents ?
   _____
   _____
   _____

Grammaire

Que sais-je ?

Indiquez la bonne réponse et expliquez votre choix.

1. La catégorie des déterminants regroupe…

    ____ a) tous les verbes.

    ____ b) les noms et les adverbes.

    ____ c) les articles ainsi que les adjectifs possessifs, démonstratifs et indéfinis.

2. On utilise l'article partitif (*du, de la, de l'*)…

    ____ a) devant un nom propre.

    ____ b) pour indiquer une certaine quantité de quelque chose.

    ____ c) pour mettre l'accent sur quelque chose.

3. L'article défini *l'* peut remplacer…

    ____ a) les articles *le* et *la* devant une voyelle ou un *h* muet.

    ____ b) l'article *les* devant une voyelle ou un *h* muet.

    ____ c) les articles *le* et *la* devant un *h* aspiré.

4. L'adjectif possessif (*mon, ma, mes, ton, ta, tes*, etc.)…

    ____ a) suit le nom qu'il modifie.

    ____ b) se place avant ou après le nom qu'il modifie.

    ____ c) précède le nom qu'il modifie.

5. L'adjectif démonstratif (*ce, cet, cette, ces*)…

    ____ a) s'accorde en genre et en nombre avec le nom qui le suit.

    ____ b) s'accorde en genre et en nombre avec le nom qui le précède.

    ____ c) s'accorde en genre et en nombre avec le sujet de la phrase.

6. L'article partitif (*du, de la, de l'*) veut dire, en anglais…

    ____ a) *the*.

    ____ b) *a* ou *an*.

    ____ c) *some*.

1. Les articles

1A Mettez l'article défini qui convient et dites s'il s'agit d'un *h* aspiré (A) ou d'un *h* muet (M). (Voir tableau 3.1 et appendice H.)

1. _____ hausse
2. _____ humour
3. _____ humeur
4. _____ Hollande
5. _____ habit
6. _____ herbe

7. _____ hanche	11. _____ hâte
8. _____ hockey	12. _____ harpe
9. _____ héros	13. _____ histoires
10. _____ héroïne	14. _____ homards

1B
Composez des phrases au présent avec les éléments indiqués. Incorporez les articles et les prépositions qui manquent et n'oubliez pas de faire les contractions nécessaires. Ajoutez également la ponctuation et les majuscules appropriées. (Voir tableaux 3.2 et 3.3.)

1. professeur/donner/un examen/étudiants

2. nous/parler/médecin/à propos de/ces médicaments

3. elle/travailler/samedi/depuis un an

4. enfant/avoir peur de/chiens

5. ils/parler/français/maison/et/étudier/latin/université

6. mon anniversaire/être/4 janvier

7. livre/que/je/préférer/appartenir/Mme Lalonde

8. elles/visiter/France/Suisse/et/Mexique

9. cette année/taux de chômage/augmenter

10. avant/se coucher/faut/se brosser/dents

11. jeudi/prochain/nous/aller/bibliothèque

12. nouvelle année/commencer/1er janvier

13. elle/porter/robe/manteau/et/souliers/que/elle/aimer

14. nous/aller/États-Unis

15. nous/profiter/expérience

16. lait/coûter/cinq francs/litre

17. je/se laver/mains

18. Loire/être/plus long fleuve/France

19. voilà/plus belle fille/monde

20. je/aller/vous voir/mardi/avant mon départ

21. nous/avoir/dictées/tous/jours/dans/cours de français

22. il/préparer/bons/plats

23. il/ne pas prendre/vacances

24. je/prendre/médicaments/pour/mon rhume

25. ils/être/tous deux/musulmans

26. il y a/fruits/et/légumes/dans/frigo

27. pour faire/crêpes/il faut/farine/œufs/lait/sucre/et/beurre

28. hockey/être/sport/fascinant

29. son frère/avoir souvent mal/dents

30. Canada/hiver/on/devoir souvent enlever/neige

1C Dites si le mot *de* est un article indéfini ou une préposition. (Voir tableau 3.4.)

1. Elle a acheté **de** belles chaussures.
2. **De** nombreux étudiants ont raté leurs examens cette année.
3. Au fond **de** mon cœur, je suis lâche.
4. On a installé notre table au bord **de** l'eau.
5. Elle racontait **de** bonnes anecdotes.

Dites si le mot *des* est un article indéfini ou un article défini contracté (préposition *de* + *les*). (Voir tableaux 3.2 et 3.4.)

6. Avez-vous besoin **des** livres qui sont sur la table ?
7. **Des** enfants couraient dans la rue.
8. Il a peur **des** chiens et **des** chats.
9. L'être humain a **des** qualités et **des** défauts.
10. Le vendredi, je participe à **des** séminaires intéressants.

1D Expliquez l'absence de l'article défini dans la partie soulignée de la phrase. (Voir tableau 3.8.)

1. Je reviens de Paris.
2. Il est sorti sans manteau.
3. Elle a envie d'aller en France.
4. Il m'a embrassée avec passion.
5. Je dois beaucoup d'argent à mes parents.
6. Mon mari a trouvé mon livre de français.
7. Le jardin était entouré d'arbres.
8. Marie-Antoinette, dernière reine de France avant la Révolution, a été guillotinée en 1793.
9. Vous n'avez plus d'argent ?
10. Ma ville préférée ? C'est Vancouver.

1E L'article partitif s'emploie pour désigner les qualités abstraites que l'on ne peut pas compter. Traduisez les phrases suivantes en français en utilisant l'article partitif. (Voir tableaux 3.5 et 3.7.)

Ex. She has personality. = Elle a de la personnalité.
1. They are ambitious. = _____
2. We are courageous. = _____
3. She is patient. = _____
4. I have talent. = _____
5. He is lucky. = _____

Récrivez les cinq phrases ci-dessus à la forme négative en faisant attention au changement de l'article. (Voir tableau 3.6.)

Ex. She doesn't have any personality. = Elle n'a pas *de* personnalité.
1. They aren't ambitious. = _____
2. We aren't courageous. = _____
3. She isn't patient. = _____
4. I don't have any talent. = _____
5. He isn't lucky. = _____

2. Les adjectifs démonstratifs

2A Mettez l'adjectif démonstratif qui convient. N'oubliez pas qu'il s'accorde en genre (au singulier) et en nombre avec le nom qu'il détermine. (Voir tableau 3.10.)

1. _____ patineur
2. _____ glace
3. _____ spectateurs
4. _____ match
5. _____ entraîneurs
6. _____ homme
7. _____ joueur
8. _____ équipes
9. _____ arbitres
10. _____ rondelle

2B Les adjectifs démonstratifs s'emploient souvent avec les particules suffixes -ci et -là. Ajoutez le suffixe qui convient. (Voir tableau 3.12.)

1. Je voudrais acheter une nouvelle voiture; cette voiture-_____ est trop vieille.
2. À cette époque-_____, elle était enceinte de son troisième enfant.
3. Nous avons déjà lu ce poème-_____ ; alors choisissons ce poème-_____.
4. Ces appartements-_____ sont plus modernes que ces appartements-_____.
5. À ce moment-_____, la France faisait la guerre contre l'Allemagne.
6. Ce mois-_____, j'ai trop de travail pour pouvoir sortir.
7. Ces enfants-_____ ont énormément de difficulté à s'entendre.

3. Les adjectifs possessifs

3A Mettez l'adjectif possessif qui convient. N'oubliez pas qu'il s'accorde avec le nom qui suit et non avec le possesseur. (Voir tableau 3.11.)

1. J'ai perdu _____ portefeuille hier.
2. _____ sœur rentre des États-Unis ce soir. (La sœur de Charles)
3. Gilles Vigneault a composé une chanson qui s'intitule « _____ pays ».
4. Paul, quel est _____ numéro de téléphone ?
5. Est-ce qu'ils ont _____ carte d'identité avec eux ?
6. Nous allons rendre visite à _____ cousins cet été.
7. Nous ne pouvons pas croire _____ histoire, Monsieur.
8. As-tu remarqué _____ rides ? J'en avais moins avant.
9. Ils vont laisser _____ chien chez _____ voisins.
10. _____ parents m'ont donné un peu plus d'argent de poche ce mois-ci.
11. _____ amie m'écrit fréquemment.
12. J'ai oublié _____ adresse et celle de tes parents.
13. Connaissez-vous _____ assistante ?
14. Les jumelles avaient chacune _____ propre gâteau d'anniversaire.
15. Chacun doit faire _____ part.
16. On préfère toujours _____ propres idées.

3B On utilise l'adjectif possessif si la partie du corps (le vêtement ou l'objet) est qualifiée par un adjectif autre que *droit* ou *gauche*. Choisissez entre l'article défini (forme contractée s'il y a lieu) et l'adjectif possessif. (Voir tableau 3.13.)

1. Elle a ouvert _ses_ beaux yeux verts.
2. Le docteur m'a demandé d'ouvrir _la_ bouche, de baisser _la_ tête et de fermer _les_ yeux.
3. Levez _la_ main si vous savez la bonne réponse.
4. Il s'est cassé _le_ bras.
5. Il s'est cassé _le_ bras gauche.
6. Sa mère lui a coupé _les_ cheveux.
7. Elle s'est blessée _sa_ jolie petite main.

8. Je ne lui ai pas serré __la__ main.
9. Je me suis coupé __le__ doigt.
10. J'ai mal à __la__ tête.
11. Elle s'est blessé __le__ dos ?
12. Elle lui a pris __le__ bras.

3C On utilise l'adjectif possessif s'il s'agit d'une action (d'un geste ou d'un mouvement) exercée sur un vêtement. Complétez les phrases suivantes avec la bonne forme de l'adjectif possessif.
1. Elle a déchiré __sa__ chemise.
2. Elle a mis __ses__ chaussettes neuves.
3. Il ne peut pas enlever __son__ chandail.
4. Il a retroussé __ses__ manches.

3D Transformez chaque phrase en utilisant l'adjectif possessif qui convient.
1. C'est le bracelet de Michèle. → C'est __son__ bracelet.
2. C'est le château de la baronne Flandrin. → C'est __son__ château.
3. C'est la voiture de Monsieur Leblanc. → C'est __sa__ voiture.
4. C'est la copine de Jean. → C'est __sa__ copine.

4. Traduction

4A Traduisez les phrases suivantes en français. (Voir tableau 3.9.)
1. She is a doctor.

2. We always visit France when we go to Europe.

3. Life is short.

4. I play baseball on Saturdays.

5. The front of the building doesn't have any windows.

6. I don't have any sisters.

7. We have a dog, a cat, and a horse.

8. I like soup, salad, and vegetables.

9. Here are some beautiful roses.

10. The professor's remarks are interesting.

11. I have some work to do for tomorrow.

12. Do you have some change?

13. I'm taking courses in biology, math, and French this year.

14. They never have any money.

15. You are all winners.

16. I need a cup of flour to make this cake.

17. We had a lot of friends in those days.

18. The field was covered with snow.

19. We talked about the past.

20. Do you know how to play chess?

4B La particule *-là* peut marquer l'indignation ou l'appréciation. Traduisez les phrases suivantes en français en employant cette particule.

1. That cheese is delicious!

2. That child drives me crazy!

3. That dress looks so good on you!

4C Traduisez les phrases suivantes en français. Attention ! Il s'agit d'expressions idiomatiques.

1. That's enough!

2. Besides that, everything is going well.

3. In the morning, I only drink one cup of coffee.

4. I don't care. Do as you like.

5. It's all the same to me.

4D Traduisez les phrases suivantes en français en utilisant un ou plusieurs adjectifs possessifs. (Voir tableau 3.14.)

1. She lost her husband, her sister, and her best friend during the war.

2. They had to sell their house, their car, and their books when they went bankrupt.

3. At the police station, I was asked to write my name, address, and phone number on the form.

5. Expression écrite

5A Trouvez les fautes commises dans les phrases suivantes et corrigez-les. Le nombre de fautes est indiqué entre parenthèses.

1. Il y a beaucoup des hôtels dans cet village. (2)
2. Madame Latour est la patronne plus méchante de la monde. (2)
3. D'habitude, on va se baigner jeudi et samedi. (2)
4. Je joue souvent du tennis et du golf. (2)
5. Elle vient de trouver la adresse de sa amie. (2)

5B Dans le dictionnaire unilingue français de votre choix (évitez les dictionnaires de poche !), cherchez les entrées des mots ci-dessous et recopiez les renseignements suivants. (Voir tableaux 3.16 et 3.17.)

a) catégorie grammaticale (nom, adjectif, etc.)
b) formes (masculin, féminin, etc.)
c) prononciation (transcription phonétique)
d) sens expliqués par des définitions
e) exemples des divers emplois
f) synonymes et antonymes
g) indications de niveau de langue (emploi familier, etc.)
h) mots de la même famille

1. turbulent

2. rigolade

3. malgré

4. jumeler

5C Composez des phrases incorporant les éléments donnés.

1. (sujet/*ne*/verbe au présent/*pas de*/nom composé)

2. (sujet/*être en train de*/infinitif/article partitif/nom)

3. (*il y a trop de*/nom/*dans*/article défini/nom)

5D Rédigez un texte d'environ 100 à 120 mots dans lequel vous parlez d'un domaine de spécialisation, peut-être le vôtre. Utilisez des phrases d'introduction telles que : *Cette année, je me spécialise en..., Je suis deux cours de..., Mon sujet préféré, c'est..., Pour obtenir les qualifications nécessaires, il faut...*, etc.

D'autres horizons...

Nous vous proposons de voir le film *Être et avoir* de Nicolas Philibert (2002), un film émouvant qui nous présente le meilleur et le pire d'une salle de classe rurale où sont regroupés les enfant d'un village, de la maternelle à la sixième année.

CHAPITRE 4

Vocabulaire

Exercice 1 : Synonymes
Exercice 2 : Mots de la même famille
Exercice 3 : Traduction
Exercice 4 : Définitions

Lecture

Tous surveillés au doigt et à l'oeil (article) avec questions de compréhension

Grammaire

1. Les adjectifs qualificatifs
2. Les adverbes
3. La comparaison
4. Traduction
5. Expression écrite

D'autres horizons…

Vocabulaire

Exercice 1 : Synonymes

Trouvez un synonyme ou une expression équivalente pour les mots soulignés.

1. C'est une entreprise <u>à succès</u>.   = C'est une entreprise *qui réussit*
2. Elles <u>sont parties de rien</u>.   = Elles *ont commencé à zéro*
3. Ils ont <u>recueilli de l'information</u>.   = Ils ont *cherché*
4. Elles ont <u>construit</u> un prototype.   = Elles ont *fabriqué*
5. Nous avons <u>supprimé</u> ce document.   = Nous avons *éliminé*
6. C'est un ordinateur <u>qui coûte cher</u>.   = C'est un ordinateur *dispendieux*

Exercice 2 : Mots de la même famille

Trouvez le verbe qui correspond à chacun des mots suivants.

1. un échec → *échouer*
2. un réseau → *réseauter*
3. un prêt → *emprunter × prêter*
4. une vente → *vendre*
5. une création → *créer*
6. un départ → *partir*
7. la méfiance → *se méfier*
8. une dépendance → *dépendre*

Exercice 3 : Traduction

Traduisez les phrases suivantes en français. Les équivalents français des mots en italique se trouvent dans le vocabulaire du chapitre 4.

1. He loves to *surf the Net*.
   Il adore naviguer sur le Net
2. They *made their name* in less than a year.
   Elles ont fait leur marque en moins d'un an
3. She obtained *a loan*.
   Elle a obtenu un prêt
4. Their *market study* was *a success*.
   Leur étude de marché a réussi
5. She has *a prosperous and highly respected business*.
   Elle a pignon sur rue
6. We depended on his *knowledge* of marketing.
   Nous comptons sur sa connaissance du mkg
   ses connaissances

Exercice 4 : Définitions

Expliquez, dans vos propres mots, (en français) les expressions suivantes construites avec le verbe « faire ». Utilisez un dictionnaire au besoin.

1. faire preuve de = _____
2. faire sa marque = _____
3. faire faillite = _____
4. faire naufrage = _____
5. faire plaisir à = _____

Lecture

Lisez le texte ci-dessous puis répondez aux questions de compréhension. Cherchez le sens des mots en caractères gras dans un dictionnaire bilingue.

Tous surveillés au doigt et à l'œil

Déjà mise en place pour sécuriser l'accès à des sites sensibles, la puce biométrique équipera d'ici à 2006 les prochains passeports. Une avance technologique qui n'est pas sans danger !

Êtes-vous réellement vous-même ? Pour le prouver aux **douaniers** lorsque vous voyagez à l'étranger, il faudra bientôt disposer d'un nouveau passeport, capable de stocker vos données « ou biométriques ».

Empreinte digitale, forme de la paume de la main, iris de l'œil... d'ici deux-trois ans, toutes ces données spécifiques à chaque individu seront enregistrées sur une **puce** qui permettra de vous identifier. Très en vogue depuis quelques années, notamment pour sécuriser l'accès à des sites sensibles comme les centrales nucléaires, la biométrie a fait son apparition dans le domaine de la sécurité frontalière après les attentats du 11 septembre à New York. Pour entrer aux États-Unis, il faudra soit disposer d'un passeport équipé de cette puce, soit obtenir un visa biométrique auprès de l'Ambassade des USA.

La biométrie offre deux types de vérification. En premier lieu, elle permet de vérifier que vous êtes bien la personne que vous prétendez être. Pour cela, il suffit de comparer le fond de votre œil avec les données stockées sur la puce de votre passeport. On peut aussi comparer les données fraîchement recueillies avec celles enregistrées **au préalable** sur une base de données informatique, et s'assurer ainsi que vous n'êtes pas un dangereux terroriste ni une personne indésirable sur le territoire.

Apprendre **le boulot** du douanier à une machine est un véritable tour de force. Car, contrairement à l'homme, qui excelle dans la reconnaissance des formes, l'ordinateur est lui incapable de comparer directement deux motifs. Il faut donc user de **subterfuges**. Concrètement, la partie du corps à identifier est photographiée avec une petite caméra. Puis un programme de calcul extrait les points caractéristiques de cette image. S'agissant de l'iris de l'œil, plus de 250 paramètres sont enregistrés ! Cette précision fait de l'iris la meilleure technique d'identification (impossible de vous confondre avec un autre) et la plus délicate à utiliser. Une **conjonctivite**, un **cil** dans l'œil, et la machine ne vous reconnaît plus ! C'est l'une des limites de la biométrie.

« Aucune technique n'est **fiable** à 100 % », atteste Jean-Réginald Vanden Eynde, spécialiste de la question pour la société informatique Stéria. En 2002, un chercheur japonais a prouvé qu'il était possible de tromper les systèmes d'identification. Il a utilisé un faux doigt en latex ! De là à imaginer que des petits malins pas **forcément** bien intentionnés essaieront de récupérer vos empreintes digitales sur les portes de métro… ou pirateront directement la base de données sur laquelle elles seront stockées… « C'est de la science-fiction ! », affirment les experts. « Plusieurs données biométriques seront stockées sur le passeport », explique le commandant Fijalkowski, du bureau de la fraude documentaire à la Direction centrale de la police aux frontières. Ce qui doit suffire à assurer la « quasi-inviolabilité des documents ». On l'espère. Car on ne change pas d'identifiant biométrique comme on change de numéro de carte de crédit. Souvenez-vous, dans *Minority Report*, le héros doit subir une transplantation des yeux parce que son iris est black-listé. Un véritable cauchemar.

Extrait tiré de la revue *Phosphore* par Laure Cailloce. © Phosphore, Bayard Jeunesse, 2004.

Compréhension globale

Encerclez la réponse qui convient le mieux.

1. La biométrie…
   a) n'a pas de limites : elle est fiable à 100%.
   b) est une avancée technologique qui n'implique pas de dangers.
   c) a fait son apparition dans le domaine de la santé.
   d) va être utilisée pour les prochains passeports.

2. La partie du corps qui permet la meilleure identification est…
   a) la paume de la main.
   b) l'œil.
   c) le visage.
   d) les doigts.

3. Selon le texte…
   a) la biométrie est déjà utilisée comme moyen de sécurité.
   b) il est facile de changer d'identifiant biométrique.
   c) la biométrie va remplacer les douaniers aux frontières.
   d) la puce permet seulement de vérifier que le voyageur est la personne qu'il prétend être.

4. L'auteur dit que/qu'…

   a) l'ordinateur peut comparer directement les formes humaines.
   b) l'arrivée possible de terroristes est une des raisons pour les nouveaux passeports.
   c) les passeports n'existeront plus d'ici l'an 2009.
   d) il ne faut pas beaucoup d'efforts pour entraîner l'ordinateur à reconnaître les formes.

Compréhension détaillée

1. Comment les informations seront-elles stockées sur votre nouveau passeport ?
2. Pourquoi ces informations sont-elles si importantes ?
3. Nommez quelques dangers qui sont liés à cette avancée technologique. Quel est le plus grand danger, d'après vous ?
4. Pourquoi fait-on allusion au film américain *Minority Report* et au personnage joué par Tom Cruise?

Réflexion

1. Pensez-vous que cette puce va aider les douaniers ?
2. Selon vous, la biométrie est-elle de la « science-fiction » ?

Grammaire

Que sais-je ?

Indiquez la bonne réponse et expliquez votre choix.

1. Dans la phrase « C'est un très bon produit. », l'adjectif qualificatif est le mot…

   ____ a) *est.*
   ____ b) *très.*
   ____ c) *bon.*

2. Dans la phrase « C'est un très bon produit. », l'adverbe est le mot…

   ____ a) *est.*
   ____ b) *très.*
   ____ c) *bon.*

3. On place l'adjectif qualificatif…

   ____ a) toujours avant le nom.
   ____ b) toujours après le nom.
   ____ c) avant ou après le nom, selon l'adjectif.

4. L'adjectif qualificatif s'accorde en genre et en nombre avec…

_____ a) le nom qu'il accompagne.

_____ b) le verbe de la phrase.

_____ c) l'adverbe de la phrase.

5. Parmi les trois expressions ci-dessous, laquelle n'est pas une expression de comparaison ?

_____ a) *davantage*.

_____ b) *autant que*.

_____ c) *presque*.

6. On dit qu'un adjectif est au superlatif quand il est précédé du terme…

_____ a) *plus*.

_____ b) *le plus*.

_____ c) *aussi*.

1. Les adjectifs qualificatifs

1A La plupart des adjectifs forment leur féminin en ajoutant un *e* au masculin. Mettez les adjectifs suivants au féminin. (Voir tableau 4.1.)

1. seule _____
2. loyale _____
3. fâchée _____
4. ronde _____
5. vraie _____
6. jolie _____
7. dure _____
8. nationale _____
9. natale _____
10. satisfaite _____
11. importante _____
12. éblouie _____
13. bleue _____
14. gaie _____
15. sûre _____
16. persane _____

1B Rappelez-vous que les adjectifs qui se terminent en *e* au masculin ne changent pas au féminin. Faites une courte phrase avec chacun des adjectifs suivants au féminin. (Voir tableau 4.1.)

1. insolite

_____

2. simple

_____

3. célèbre

_____

4. sombre

_____

5. célibataire

_____

1C Certains adjectifs forment leur féminin en doublant la consonne finale du masculin et en ajoutant un *e*. Mettez les adjectifs suivants au féminin. (Voir tableau 4.1.)

1. partielle
2. cruelle
3. nulle
4. nette
5. pareille
6. lasse
7. grasse
8. gentille
9. politicienne
10. bonne
11. épaisse
12. sotte
13. gestuelle
14. violette
15. intellectuelle
16. telle
17. solennelle
18. conditionnelle
19. annuelle
20. basse
21. grosse
22. italienne
23. ancienne
24. mignonne
25. muette
26. coquette
27. vermeille
28. quotidienne

Attention ! Il faut se rappeler que la plupart des adjectifs ne redoublent pas la consonne finale devant le *e* du féminin.

1D Les adjectifs qui se terminent en *x* au masculin ont un féminin en *se*. Mettez les adjectifs suivants au féminin. (Voir tableau 4.1.)

1. heureuse
2. fiévreuse
3. furieuse
4. respectueuse
5. courageuse
6. religieuse
7. peureuse
8. amoureuse
9. orageuse
10. somptueuse
11. ambitieuse
12. paresseuse
13. jalouse
14. précieuse

Attention aux exceptions !

1. doux — douce
2. roux — rousse
3. faux — fausse
4. vieux — vieille

1E La plupart des adjectifs qui se terminent en *eur* au masculin ont un féminin en *euse*. Mettez les adjectifs suivants au féminin. (Voir tableau 4.2.)

1. trompeuse
2. menteuse
3. travailleuse
4. chercheuse
5. voleuse
6. flatteuse
7. donneuse
8. moqueuse
9. rieuse
10. blagueuse

1F Certains adjectifs en *eur* ajoutent simplement un *e* après la consonne finale. Mettez les adjectifs suivants au féminin. (Voir tableau 4.2.)

1. supérieur e
2. antérieur e
3. intérieur e
4. mineur e
5. inférieur e
6. extérieur e
7. majeur e
8. postérieur e

1G Certains adjectifs en *teur* ont un féminin en *trice*. Mettez les adjectifs suivants au féminin. (Voir tableau 4.2.)

1. proctec~~teur~~ trice
2. conserva~~teur~~ trice
3. admira~~teur~~ trice
4. corrup~~teur~~ trice
5. créa~~teur~~ trice
6. séduc~~teur~~ trice
7. consola~~teur~~ trice
8. usurpa~~teur~~ trice

1H Il y a quelques adjectifs en *eur* qui ont un féminin en *eresse*. Mettez les adjectifs suivants au féminin. (Voir tableau 4.2.)

1. enchanteur — enchanteresse
2. vengeur — vengeresse

1I La plupart des adjectifs qui se terminent en *et* au masculin ont un féminin en *ète*. Mettez les adjectifs suivants au féminin. (Voir tableau 4.2.)

1. secrèt e
2. inquièt e
3. concrèt e
4. incomplèt e
5. discrèt e
6. complèt e
7. désuèt e
8. replèt e

1J Les adjectifs qui se terminent par un *f* au masculin ont un féminin en *ve*. Mettez les adjectifs suivants au féminin. (Voir tableau 4.2.)

1. sporti~~f~~ ve
2. neu~~f~~ ve
3. vi~~f~~ ve
4. attenti~~f~~ ve
5. collecti~~f~~ ve
6. portati~~f~~ ve
7. passi~~f~~ ve
8. hâti~~f~~ ve
9. négati~~f~~ ve
10. compétiti~~f~~ ve
11. compulsi~~f~~ ve
12. crainti~~f~~ ve
13. acti~~f~~ ve
14. dépressi~~f~~ ve
15. agressi~~f~~ ve
16. chéti~~f~~ ve
17. veu~~f~~ ve
18. plainti~~f~~ ve
19. naï~~f~~ ve
20. noci~~f~~ ve

1K Les adjectifs qui se terminent en *er* au masculin ont un féminin en *ère*. Mettez les adjectifs suivants au féminin. (Voir tableau 4.2.)

1. premièr e
2. printanièr e
3. chèr e
4. régulièr e
5. amèr e
6. familièr e

7. léger e
8. étranger e
9. dernier e
10. policier e
11. coutumier e
12. mensonger e

1L Attention aux adjectifs qui ont un féminin irrégulier et une autre forme au masculin devant un nom qui commence par une voyelle ou par un *h* muet. Complétez l'exercice suivant. (Voir tableau 4.3.)

	au féminin	au masculin devant voyelle ou *h* muet
1. beau	belle	bel
2. fou	folle	fol
3. nouveau	nouvelle	nouvel
4. mou	molle	mol
5. vieux	vieille	vieil

1M Il y a d'autres adjectifs qui ont un féminin irrégulier. (Voir tableau 4.3.)

1. blanche
2. frais fraîche
3. grecque
4. oblongue
5. malin maligne
6. turc turque
7. traître traîtresse
8. favorite
9. franche
10. longue
11. sèche
12. public publique
13. bénin bénigne
14. hébreu hébraïque

1N Les adjectifs qui se terminent en *gu* au masculin ont un féminin en *guë*. Mettez les adjectifs suivants au féminin. (Voir tableau 4.3.)

1. ambiguë
2. contiguë
3. aiguë
4. exiguë

1O Donnez l'adjectif qui correspond à chaque phrase descriptive.

1. Denise...
vient du Canada = canadienne
est d'une beauté incroyable = belle
réfléchit beaucoup = intellectuelle
a peur des chats noirs = superstitieuse
fait rire = comique

2. Jean...
vient des États-Unis = américain
n'aime pas travailler = paresseux
adore séduire les filles = séducteur
sait ce qu'il faut dire aux gens = diplomate
fait beaucoup de choses = actif

3. Mon entraîneur de hockey...
aime faire du sport = sportif

a de bons muscles = _musclé_
a beaucoup d'amis = _populaire_
n'a pas de femme = _célibataire_

1P La plupart des adjectifs forment leur pluriel en ajoutant un *s* à la forme du singulier. Mettez les phrases suivantes au pluriel en changeant l'article, le nom et l'adjectif.

Attention ! Les adjectifs qui se terminent en *s* ou en *x* au masculin singulier ne changent pas au masculin pluriel. (Voir tableau 4.4.)

1. une chaise rouge
2. un homme franc
3. une expérience négative
4. un petit enfant
5. une femme fatiguée
6. un garçon menteur
7. une tante gentille
8. une mère irritée
9. une fille sportive
10. une table grise
11. un gros nuage
12. un livre épais
13. un bébé furieux
14. un vent frais
15. un mauvais chauffeur de taxi
16. un coiffeur impulsif
17. une bonne étudiante
18. une vieille histoire
19. un long moment
20. une employée active

1Q Les adjectifs en *eau* et *eu* ont un pluriel en *x* et ceux qui se terminent en *al* ont un pluriel en *aux* pour la plupart. Récrivez les phrases suivantes en mettant tout ce que vous pouvez au pluriel. (Voir tableau 4.4.)

1. Le vieil homme est très curieux.
Les vieux hommes sont très curieux

2. La courtisane persane est importante et ravissante.
Les courtisanes persanes sont importantes et ravissantes

3. Ce résultat est normal.
Ces résultats sont normaux

4. Le garçon est bon et beau.
Les garçons sont bons et beaux

5. C'est un pays brumeux et montagneux.
Ce sont des pays brumeux et montagneux

6. Le jeune artiste est franc.
Les jeunes artistes sont francs

7. La jeune fille est pieuse et amoureuse.
Les jeunes filles sont pieuses et amoureuses

1R Certains adjectifs, comme *banal, fatal, final, glacial, idéal, naval* et *natal*, ont un pluriel en *s* au masculin. Choisissez l'un de ces adjectifs pour compléter chaque phrase et mettez-le au pluriel. Il est à noter qu'on peut aussi utiliser *idéaux* et *glaciaux*. (Voir tableau 4.4.)

1. Ces deux sœurs disent qu'elles ont épousé des maris _idéals_ ; elles n'ont rien à leur reprocher.
2. Il y a eu deux accidents _fatals_ aujourd'hui.
3. Avez-vous déjà passé vos examens _finals_ ?
4. À Halifax, il y a beaucoup de chantiers _navals_.
5. Dans les Alpes, on peut trouver des ruisseaux _glacials_.

1S Expliquez pourquoi les adjectifs en caractères gras sont invariables. (Voir tableaux 4.3 et 4.5.)

1. Je porte mes souliers **orange** à la soirée.
colour invariable

2. Mon mobilier est **bleu vert**.
colour modified

3. Elle achète beaucoup de vêtements **chic**.
inv.

4. Est-ce que c'est vrai qu'aux États-Unis une femme est violée toutes les **demi**-heures ?
inv. before noun

5. J'ai acheté des blouses **bon marché** hier.
inv

6. J'ai trouvé les draps **crème** que vous cherchiez.
colour noun

7. Sa **grand**-mère est malade ?
compound noun preceding

8. En sortant **nu**-tête, ce jeune homme s'est gelé les oreilles.
inv. before noun

1T L'adjectif s'accorde en genre et en nombre avec le nom ou le pronom qu'il qualifie. Dans les phrases suivantes, faites les accords appropriés. (Voir tableaux 4.6 et 4.7.)

1. Ils sont (cher) _chers_ les livres !
2. Mon manteau et mon chandail sont (vert) _verts_.
3. Lisa et Paul sont (américain) _américains_.
4. Les enfants sont (fort) _forts_ (énervé) _énervés_ en ce moment.
5. Celle-ci et celle-là sont (neuf) _neuves_.

6. Vous avez acheté des souliers (rose) roses ?
7. Est-ce que ces assiettes sont (sale) sales ?
8. Elles ne sont pas (heureux) heureuses.
9. Je porte une blouse et un pantalon (bleu marine) bleu marine ce soir. Et toi ?
10. C'est une fille (tout) toute (beau) belle.
11. J'étudie les auteurs (canadien) s et (italien) s.
12. Vous êtes (prêt) s, les femmes ?
13. On est (mélancolique) = à cause de la pluie.
14. Nous avons attendu une semaine et (demi) e avant de recevoir la réponse par courrier.
15. Elle marchait (nu-pieds) = dans la boue.
16. La cadavre avait les pieds (nu) s.
17. Nous étions (tout) = (émerveillé) s par ce magnifique spectacle de la nature.

1U Mettez l'adjectif au bon endroit. N'oubliez pas de faire les accords ou changements nécessaires. (Voir tableaux 4.9, 4.10 et 4.11.)

1. Avez-vous des _____ questions pertinentes ? (pertinent)
2. J'adore faire la grasse matinée _____ ! (gras)
3. Cette pauvre femme _____ vient de perdre son fils. (pauvre)
4. Cette _____ famille pauvre ne peut pas se permettre de prendre des vacances cette année. (pauvre)
5. Ma belle- mère _____ n'aime pas le fait que j'appelle son fils « mon chouchou ». (beau)
6. C'est une belle plante _____ (beau).
7. Elle aime les _____ meubles anciens. (ancien)
8. C'est un ancien professeur _____ à moi. (ancien)
9. J'ai quitté Paris durant la dernière semaine _____ de juillet. (dernier)
10. La _____ semaine dernière, il y a eu une tempête de neige à Vancouver. (dernier)
11. Gandhi fut un grand homme _____. (grand)
12. Les joueurs de basket-ball sont des _____ hommes grands. (grand)

13. Ma _chère_ amie _____, de quoi parlez-vous et pourquoi êtes-vous si nerveuse ? (cher)
14. C'est un _gentil_ garçon _____ (gentil).
15. Nous avons une _longue_ histoire _____ à vous raconter. (long)
16. La _meilleure_ chose _____ à faire dans ce cas ? Aucune idée ! (meilleur)
✗ 17. Quelle _affreuse_ surprise _affreux_ ! (affreux)
18. C'est une _vielle_ tradition _____ en France, qui risque de disparaître. (vieux)
19. Ne viens pas me chercher ce soir, je préfère rentrer par mes _propres_ moyens _____. (propre)
20. Il s'est remarié parce que c'était un _____ homme _seul_. (seul)

1V Récrivez les phrases suivantes en mettant les adjectifs entre parenthèses au bon endroit et en faisant les accords nécessaires. (Voir tableau 4.12.)

1. Vous avez une fille. (gentil, petit)
   petite fille gentille
2. Racontez-nous une histoire. (dernier, drôle)
   dernière histoire drôle
3. Donne-moi les ballons. (gros, orange)
   gros ballons oranges
4. Je vais à un restaurant ce soir. (bon, grec)
   bon restaurant grec
5. Elle nous a acheté un cadeau. (autre, très cher)
   autre cadeau très cher
6. Jeanne porte un manteau. (rose, vieux)
   vieux manteau rose
7. À l'époque, j'habitais un studio. (grand, confortable)
   grand studio confortable
8. Elle a emprunté mes DVD. (nouveau, espagnol)
   nouveaux DVD espagnols
✗ 9. Émilie voudrait acheter ces bottes. (noir, beau)
   belles beaux bottes noir
10. Monsieur Rochefort adore la bière. (anglais, bon)
    la bonne bière anglaise

2. Les adverbes

2A La plupart des adverbes se forment en ajoutant *ment* au féminin de l'adjectif. Donnez l'adverbe qui correspond à l'adjectif. (Voir tableau 4.14.)

1. gracieuse _____
2. folle _____
3. sèche _____
4. naïve _____
5. grossière _____
6. fausse _____
7. douce _____
8. négative _____
9. effective _____
10. complète _____

2B On forme certains adverbes en ajoutant *ment* au masculin de l'adjectif. Il s'agit des adjectifs qui se terminent en *u, é, i* ou en *e* muet. Donnez l'adverbe qui correspond à l'adjectif. (Voir tableau 4.14.)

1. vrai _____
2. passionné _____
3. rapide _____
4. physique _____
5. incroyable _____
6. poli _____
7. simple _____
8. joli _____
9. spontané _____
10. rare _____

2C Certains adverbes ont une formation irrégulière. Donnez l'adverbe qui correspond à l'adjectif. (Voir tableau 4.14.)

1. gai — gaîment
2. goulu — goulûment
3. assidu — assidûment
4. cru — crûment

2D Certains adverbes se terminent en *ément*. Donnez l'adverbe qui correspond à l'adjectif. (Voir tableau 4.14.)

1. énormément
2. aveuglément
3. confusément
4. profondément
5. intensément

6. immensément
7. précisément
8. impunément

2E Les adverbes basés sur les adjectifs en *ant* ont une terminaison en *amment*. Donnez l'adverbe qui correspond à l'adjectif. (Voir tableau 4.15.)

1. courant — couramment
2. constant — constamment
3. puissant — puissamment
4. galant — galamment
5. étonnant — étonnamment
6. méchant — méchamment

2F Les adverbes basés sur les adjectifs en *ent* ont une terminaison en *emment*. Donnez l'adverbe qui correspond à l'adjectif. (Voir tableau 4.15.)

1. prudent — prudemment
2. évident — évidemment
3. impatient — impatiemment
4. patient — patiemment
5. intelligent — intelligemment
6. décent — décemment

2G Certains adverbes ont une formation particulière. Donnez l'adverbe qui correspond à l'adjectif. (Voir tableau 4.15.)

1. bon — bien
2. gentil — gentiment
3. meilleur — mieux
4. bref — brièvement
5. mauvais — mal
6. pire — pis

2H Donnez deux exemples de locutions adverbiales en les utilisant dans des phrases. (Voir tableau 4.15.)

1. _____
2. _____

2I Donnez deux exemples d'adjectifs employés adverbialement. Faites des phrases. (Voir tableau 4.15.)

1. _____
2. _____

2J Donnez trois exemples d'adverbes qui ne sont pas dérivés d'adjectifs. Faites des phrases. (Voir tableau 4.15.)

1. _____
2. _____
3. _____

2K Complétez chaque phrase en employant deux adverbes différents.

1. Je mange _____.
2. Mon professeur de français parle _____.
3. Mon copain me traite _____.
4. Joannie Rochette patine _____.
5. Les femmes conduisent _____.
6. Les hommes apprennent _____.
7. Son chien l'attend _____.
8. Mon ami(e) travaille _____.

2L Complétez les phrases en utilisant chaque adverbe une seule fois.

ailleurs	après-demain	beaucoup
près	mal	mieux
très	ensemble	debout
certes	autrefois	souvent
vite	assez	plus
combien	encore	trop
maintenant	parfaitement	loin

1. Quand je mange _debout_____, mon père m'ordonne de m'asseoir.
2. J'arrive _souvent_____ en retard pour mon cours de huit heures.
3. À l'époque, nous avions _assez_____ d'argent pour voyager tous les ans.
4. _Certes_____, j'aurais dû faire un effort, mais je me sentais paresseux.
5. Le bébé est _encore_____ malade, mais il va beaucoup _mieux_____ que la semaine dernière.
6. Les jumeaux sortent souvent _____ ; ils s'entendent _____.
7. Nous habitons tout _____. Habitez-vous _____ ?
8. Je le ferai _____ parce que je suis _____ occupé demain.
9. Elle a _____ pleuré quand son grand-père est mort.
10. Elle aimerait vivre _____, mais pas ici.
11. Il a _____ mangé ; il se sent _____.
12. _____ as-tu payé ta maison ?
13. Je ne le vois _____. Nous nous sommes disputés.
14. _____ je croyais à l'amour, _____ je suis plus cynique.
15. Cours _____ au magasin m'acheter du lait pour que je puisse te préparer un gâteau.

2M Récrivez les phrases en mettant les adverbes à la place qui convient. (Voir tableau 4.17.)

1. Il est stupide. (très)

2. Avez-vous mangé ? (bien)

3. Ils ont bu. (trop/hier)

4. On part après le concert. (immédiatement)

5. Ils se parlent. (ne... plus/maintenant)

6. Cet enfant pleure. (beaucoup)

7. Les deux pays ont signé le traité. (finalement)

8. Il va arriver à cinq heures. (sans doute)

9. Elle a écrit la lettre. (ne... pas encore)

10. Elles se sont saluées. (froidement)

11. Donnez-le-moi. (tout de suite)

12. Ils ont vu ce film. (déjà)

13. C'est mieux de se plaindre. (ne... pas)

14. Elle n'a pas été reçue. (malheureusement)

15. La patronne lui a ordonné de laver le plancher. (bien)

2N Utilisez les expressions suivantes dans des phrases qui en montrent bien le sens et l'emploi. (Voir tableau 4.18.)

1. (auparavant) _____

2. (par moments) _____

3. (davantage) _____

4. (à ce moment-là) _____

5. (certes) _____

3. La comparaison

3A Complétez les phrases avec le comparatif de supériorité (+), d'égalité (=) ou d'infériorité (-) de l'adjectif. (Voir tableau 4.20.)

1. Mon frère est _moins intelligent que_ moi. (intelligent) (-)
2. Ma mère est _plus âgée que_ mon père. (âgée) (+)
3. Tom Cruise est _aussi beau que_ Brad Pitt. (beau) (=)
4. Nicole Kidman _est plus jeune qu'_ Elizabeth Taylor. (jeune) (+)
5. Vous êtes _moins grand que_ votre professeur de français. (grand) (-)

3B Complétez les phrases avec le comparatif de supériorité (+), d'égalité (=) ou d'infériorité (-) de l'adverbe. (Voir tableau 4.20.)

1. Hélène chante _aussi fort que_ sa sœur. (fort) (=)
2. Il court _moins vite que_ son copain. (vite) (-)
3. Je pleure _plus souvent que_ vous. (souvent) (+)
4. Les femmes conduisent _moins d. que_ les hommes (dangereusement) (-)
5. Les enfants pensent _moins ab. que_ les adultes. (abstraitement) (-)

3C Complétez les phrases avec le comparatif de supériorité (+), d'égalité (=) ou d'infériorité (-) du nom. (Voir tableau 4.21.)

1. Les acteurs gagnent _plus d'_ argent _que_ les professeurs. (+)
2. Le patron fait _autant de_ travail _que_ les ouvriers. (=)
3. Un millionnaire a _plus de_ chance _qu'_un mendiant. (+)
4. Les médecins ont _plus de_ responsabilités _que_ les infirmières. (+)
5. Les enfants ont _moins de_ droits _que_ les adultes dans la société occidentale. (-)

3D Complétez les phrases avec le comparatif de supériorité (+), d'égalité (=) ou d'infériorité (-) du verbe. (Voir tableau 4.22.)

1. Le carburant diesel coûte _moins que_ l'essence. (-)
2. Je suis paresseux, je dors _plus que_ mes amis. (+)
3. Il travaille _autant que_ ses collègues. (=)
4. Les deux filles se battent _moins que_ leurs deux frères. (-)
5. Elle gagne _autant que_ lui. (=)

Grammaire 75

3E Comparez les deux éléments en faisant une phrase.

Modèle : une Toyota/une Mercedes
→ *Une Toyota coûte moins cher qu'une Mercedes.*

1. l'hiver/l'été

2. le Mexique/le Canada

3. le chat/le chien

4. le désert/la forêt

3F Faites des phrases comparatives en tenant compte des éléments donnés et du code entre parenthèses.

1. Tu/être/poli/Georges (+)
   Tu es plus poli que G

2. Nous/être/agressifs/toi (-)
   Nous sommes moins agressifs que toi

3. Vous/être/indifférent/moi (=)
   Vous êtes aussi indifférent que moi

4. Un camion/consommer/essence/une voiture (+)
   Un camion consomme plus d'essence qu'une voiture

5. Sarah/avoir/jouets/sa cousine (-)
   Sa moins de jouets que sa cousine.

6. Nous/avoir/tact/eux (=)
   Nous avons autant tact qu'eux

3G Un(e) de vos camarades se croit supérieur(e) en tout. Refaites les phrases suivantes pour illustrer ce qu'il/elle dit. La comparaison porte sur le mot en italique.

Modèle : Je suis *doué* pour les maths.
→ *Moi, je suis plus doué que toi pour les maths.*

1. Je chante *bien*. Je chante mieux que toi
2. Je suis *intelligent*. plus intelligence que
3. J'ai de *bons* amis. de meilleurs amis
4. Ma famille et moi, nous habitons dans un *beau* quartier. plus beau

5. Je réussis *souvent* à mes examens.
   plus souvent

6. J'ai une *belle* voiture. _plus_ ^

3H Complétez les phrases suivantes en utilisant le superlatif de supériorité (+) ou d'infériorité (-) de l'adjectif ou de l'adverbe. (Voir tableau 4.23.)

1. C'est Nicole qui est __la plus__ jalouse de toutes les filles. (+)
2. C'est ma mère qui est __la moins__ grande de la famille. (-)
3. C'est cette sculpture-ci qui est __la plus__ appréciée. (+)
4. C'est lui qui est __le moins__ grièvement blessé. (-)
5. C'est Carole qui mange __le plus__ vite. (+)
6. C'est la Française qui danse __le moins__ bien. (-)
7. C'est le vieillard qui marche __le plus__ lentement. (+)
8. C'est elle qui parle __le plus__ vite. (+)

3I Complétez les phrases suivantes en utilisant le superlatif de supériorité (+) ou d'infériorité (-) du nom. (Voir tableau 4.24.)

1. C'est Paul qui a __le plus de__ difficulté à comprendre la situation. (+)
2. C'est Madame Dupont qui a __le moins de__ meubles anciens. (-)
3. C'est moi qui ai __le plus d'__ argent à la banque. (+)
4. C'est le chat qui boit __le plus de__ lait. (+)

3J Complétez les phrases suivantes en utilisant le superlatif de supériorité (+) ou d'infériorité (-) du verbe. (Voir tableau 4.25.)

1. C'est elle qui travaille __le plus__ à la maison. (+)
2. C'est lui qui travaille __le moins__ à la maison. (-)
3. Ce sont les patrons qui gagnent __le plus__. (+)
4. Ce sont les ouvriers qui gagnent __le moins__. (-)

3K Complétez les phrases suivantes en traduisant le superlatif anglais (entre parenthèses) en français. (Voir tableau 4.29.)

1. Pendant cette soirée, nous avons bu __les pires__ (the worst) vins.
2. C'est cette chanson que nous aimons __le plus__ (the most). Et celle-là __le moins__ (the least).
3. Est-ce que mon accent est __le pire__ (the worse) de la classe ?
4. Dans __les pires__ (the worst) circonstances, je garde mon calme.
5. C'était __le meilleur__ (the best) moment de ma vie.
6. ✗ C'est elle qui est __la plus mieux__ (the best) préparée.
7. ✗ Je n'ai pas __le moins / la moindre__ (the least/faintest) idée de son âge.
8. Le fromage français est-il __le meilleur__ (the best) au monde ?

3L Répondez aux questions suivantes en faisant des phrases complètes.

1. Quel est le film le plus populaire de Leonardo di Caprio ? Le moins populaire ?

_____
_____

Grammaire 77

2. Quel est le pays le plus pauvre du monde ? Le plus riche ?

3. Quelle est la région la plus intéressante de France? La moins intéressante ?

4. Qui est le politicien le plus populaire au Canada en ce moment ? Le moins populaire ?

5. Quel est le meilleur restaurant de votre ville ? Le plus mauvais ?

6. Quel est le moyen de transport le plus écologique aujourd'hui ? Le moins écologique ?

4. Traduction

4A Traduisez les phrases suivantes en français en faisant bien attention à la préposition *de* qui est nécessaire dans ces constructions. (Voir tableau 4.13.)

1. We saw something wonderful at the fair.

2. Nothing new has happened since I last saw you.

3. I met someone interesting last night.

4. I read something incredible in the paper today.

4B Traduisez les phrases suivantes en français en faisant bien attention aux adjectifs qualificatifs.

1. That's easy to say but difficult to do!

2. He just did something very stupid, in my opinion.

3. Our dog is huge, friendly, and superstitious. He avoids black cats!

4. Her mother is small, dark, and very pretty.

5. She made him happy.

6. Be careful. The roads are slippery.

7. The baby has blue eyes, blond hair, and fat, pink fingers.

8. My car is old and rusty. I'm going to buy a new car if I win the lottery.

9. It was an exceptionally beautiful performance.

10. We spent an extremely cold night in the mountains.

11. The test was extraordinarily difficult.

12. We asked a very strong friend to push us out of the snow bank.

13. The chicken was overcooked.

14. She ordered a very spicy dish.

15. My new table is black and oval.

16. Are you a member of the Conservative party?

17. It's a good movie to see.

18. It's a good book to read.

19. That's the best attitude to adopt.

20. I have a gifted student in my class.

21. This is a demanding assignment.

4C Traduisez les phrases suivantes en français en faisant bien attention aux adverbes.

1. It's so little!

2. He has to learn in a different way.

3. They will catch the bus in time.

4. They left at the same time.

5. Greyhound dogs run very fast.

6. She's a very busy politician.

7. Right now, I'm quite happy.

8. He has already insulted us on several occasions.

9. Sometimes, I feel desperate.

10. I would love to do it.

11. She is presently working on her thesis.

12. He gazed admiringly at the sculpture.

13. His sister? No! She's not his sister. Actually, they are not related at all.

4D Traduisez les phrases suivantes en français. (Voir tableaux 4.28 et 4.29.)

1. She is more relaxed than he is, but he exercises more.
   Elle est plus détendue que lui, mais il fait plus d'exercice qu'elle

2. My professor has written two books more than his colleague.
   Mon prof a écrit deux livres de plus que son collègue

3. Her writing skills are inferior to mine.
   Ses ___ sont inférieures aux miennes

4. The storm was worse than I thought.
   La tempête a été pire/plus mauvais que je ne le pensais

5. The best mark was given to the weakest student in the class.
   La meilleure note à l'étudiant le plus faible de la classe

6. He is more aggressive than you think.
   Il est plus agressif que vs ne le pensez

7. John Wayne was a most interesting person.
   JW était une personne vraiment intéressante

8. Of the two, he is the weaker.
   Des deux, c'est le plus faible

9. My sister is more humorous than her husband.

Ma soeur est plus drôle que son mari

10. The more it rains, the less the ground is able to soak up the water.

Plus il pleut, moins la terre

11. I did my best but lost.

J'ai fait de mon mieux mais j'ai perdu

12. She became more and more depressed as the winter went on.

Elle est devenue de plus en plus déprimée à mesure que l'hiver avançait

13. Your method is even better than mine.

Ta méthode est encore meilleure que la mienne

5. Expression écrite

5A Décrivez les personnes suivantes en utilisant autant d'adjectifs que possible. N'oubliez pas que vous pouvez commencer avec *il/elle est* + adjectif ou bien avec *c'est un/une* + nom + adjectif. Écrivez également des phrases négatives. Attention aussi à la place des adjectifs.

1. Hillary Clinton

2. Tiger Woods

3. Jennifer Lopez

4. Le prince William

5. Céline Dion

6. Britney Spears

Expression écrite **81**

7. Votre père

8. Votre meilleur(e) ami(e)

9. Votre mère

10. Vous-même

5B Rédigez une lettre de désistement dans laquelle vous expliquez au responsable d'un séjour linguistique que vous ne pouvez pas vous rendre au Québec cet été. À vous de déterminer les raisons de votre désistement.

D'autres horizons...

Les nouvelles technologies se multiplient et sont omniprésentes. Il est bon parfois de se replonger dans la lecture des auteurs qui ont anticipé ces développements. Nous vous proposons donc de lire le plus célèbre d'entre eux, le fameux Jules Verne (1828-1905), auteur de romans de science-fiction, qu'on appelait à cette époque romans d'anticipation. Nous vous proposons en particulier *Voyage au centre de la terre* et *Vingt mille lieues sous les mers*.

CHAPITRE 5

Vocabulaire

Exercice 1 : Mots à compléter
Exercice 2 : Mots de la même famille
Exercice 3 : Correspondances

Lecture

Le naufrage des langues autochtones (extrait de conte) avec questions de compréhension

Grammaire

1. L'infinitif
2. Le subjonctif
3. Traduction
4. Expression écrite

D'autres horizons...

Vocabulaire

Exercice 1 : Mots à compléter

Complétez les mots suivants à l'aide des lettres données. Les mots sont tirés du vocabulaire du chapitre 5.

1. Les personnes qui arrivent de l'é_TRAN_g_E_r doivent apprendre la langue de leur nouveau pays afin de **s**'a_Da_**p**_TER_ le plus rapidement possible.
2. Une étudiante z_ÉLÉE_ est une personne enthousiaste, une a_p_p_REn_**a**_ANTE_ motivée.
3. En Belgique, même si l'enseignement bi_LIN_g_UE_ pose des défis, les avantages du bi_LIN_g_UISME_ p_RÉC_oce sont bien établis.
4. Marcel Dubé fait participer tous ses étudiants, des plus _Zélés_ aux plus timides.
5. L'a_pp_r_EN_ti_SSAGE_ du français est une priorité pour la province de Québec.

Exercice 2 : Mots de la même famille

Remplissez le tableau en suivant l'exemple donné. Utilisez un dictionnaire au besoin.

verbe (infinitif)	nom abstrait (avec l'article)	adjectif (m. et f.)
franciser	la francisation	francisé
ALPHABÉTISER	l'alphabétisation	ALPHABÉTIQUE
ÉTABLIR	L'ÉTABLISSEMENT (M)	établi (e)
SE RÉFUGIER	un refuge	RÉFUGIÉ (E)
inciter	L'INCITATION (F)	INCITÉ(E)
amorcer	L'AMORÇAGE (M)	AMORCÉ(E)

83

Exercice 3 : Correspondances

Reliez les mots de la colonne A à ceux de la colonne B pour former une expression avec un verbe de mouvement. Les mots de la colonne B sont dans le désordre.

Colonne A   Colonne B

1. rentrer   ____   a) en arrière
2. partir   ____   b) à destination
3. retourner   ____   c) de voyage
4. venir   ____   d) en vacances
5. arriver   ____   e) de la part de

Puis faites une phrase complète avec chacune des expressions.

Phrase 1 :

Phrase 2 :

Phrase 3 :

Phrase 4 :

Phrase 5 :

Lecture

Lisez le texte ci-dessous puis répondez aux questions de compréhension. Cherchez le sens des mots en caractères gras dans un dictionnaire avant de commencer votre lecture. Ces mots sont importants pour la compréhension du texte. Vous pouvez consulter le site web www.aine-inac.gc.ca/pr/ra/fgg/fam_f.html

Le naufrage des langues autochtones

*Seulement le quart des **Amérindiens, Métis** ou Inuits connaissent assez bien une langue autochtone pour soutenir la conversation. Cinquante parlers en voie de disparition...*

Odanak est un vieux village abénaquis... où plus personne ne parle abénaquis. Pourtant, il n'y a pas 50 ans, cette langue était encore parlée par les vieux du bourg. Il a suffi de deux générations pour que l'abénaquis, comme la plupart des langues **autochtones** du Canada, soit en danger de disparaître. Seuls trois ou quatre vieillards conservent le souvenir de mots qu'ils ont sus enfants, mais n'utilisent plus depuis longtemps.

Cinquante-quatre langues **indigènes** sont encore parlées au Canada, mais en 2001, seulement le quart du million de Canadiens reconnus comme Amérindiens, Métis ou Inuits connaissaient assez bien une langue autochtone pour soutenir la conversation. Cinq ans plus tôt, il y avait encore près du tiers. Et l'avenir s'annonce mal, car 80% des enfants autochtones sont élevés en anglais ou en français.

En 100 ans, une dizaine de langues indigènes ont disparu au Canada. À Terre-Neuve, la dernière personne à parler **béothuk** est morte en 1829. Au Québec, le huron s'est éteint au début du 20e siècle. Neutre, nicola, tsetsaut, laurentien, pétun, songish... toutes ces langues sont tombées dans l'oubli.

Les langues autochtones du Canada appartiennent à 11 familles linguistiques différentes, dont aucune n'a pu être reliée à des familles européennes ou asiatiques, à l'exception du michif, l'incroyable langue des Métis, mélange de français et de cri.

Depuis 25 ans, des autochtones **se mobilisent**. « La langue est à la base de notre identité, mais sa sauvegarde pose d'énormes défis », dit Ghislain Picard, chef de l'Assemblée des Premières nations du Québec et du Labrador. Pour la transmettre aux nouvelles générations, encore faut-il que les parents la connaissent, qu'ils ressentent le besoin de l'apprendre à leurs enfants, et que ceux-ci aient ensuite l'occasion de l'utiliser. À quoi bon apprendre une langue qui ne sert à rien ? De nombreux jeunes n'en voient pas l'intérêt. Et de plus en plus souvent, les parents préfèrent que leurs enfants grandissent en français ou en anglais, les langues de l'émancipation, qui leur permettront de trouver un bon emploi.

Partout au Canada, des langues indigènes sont désormais enseignées à l'école comme langue seconde. Avec un succès limité. « D'abord, les enseignants eux-mêmes maîtrisent souvent mal la langue, dont ils montrent une version simplifiée », dit Ghislain Picard. Malgré tout, l'école reste à la base de la stratégie de conservation des langues.

Beaucoup d'autochtones tentent de réapprendre leur langue à l'âge adulte, quand la question d'identité devient plus importante. « C'est un défi énorme », dit le cinéaste André Dudemaine, qui regrette de ne pas savoir la langue des siens. « L'innu est très complexe, il possède une structure très différente du français ou de l'anglais, et le matériel didactique est insuffisant. »

Pour sauver leur langue, les autochtones comptent aussi sur l'aide des linguistes. Les missionnaires d'antan s'intéressaient de près aux langues indigènes, car leur maîtrise était nécessaire pour **l'évangélisation**. On leur doit les premiers dictionnaires ainsi que des traductions de prières et de cantiques... Leurs efforts ont donné une base de travail aux linguistes et anthropologues. Mais la tâche reste terriblement difficile car ces langues ont beaucoup changé au fil du temps. Encore aujourd'hui, aucune n'a d'écriture standardisée.

À l'université de Toronto, la linguiste Keren Rice collabore depuis une trentaine d'années avec deux communautés autochtones du Nord-Ouest. On lui doit entre autres deux dictionnaires de l'esclave (langue athabascane parlée dans les Territoires du Nord-Ouest). « Les linguistes, qui effectuaient auparavant un travail purement théorique, collaborent maintenant de près avec des autochtones pour les aider à conserver leur langue. »

L'avenir des langues indigènes n'est peut-être pas aussi sombre que ce que les statistiques laissent craindre. « De plus en plus d'autochtones sont conscients de l'importance de conserver leur langue, dit Keren Rice. Or, c'est ce degré de motivation, plus que le nombre de locuteurs, qui détermine réellement les chances de survie. »

Pour l'anthropologue Louis-Jacques Dorais, les langues autochtones ne serviront peut-être plus vraiment à la communication entre individus, mais elles resteront un puissant symbole identitaire.

Extrait de *L'Actualité*, janvier 2004, *Géographica*, pp. 13-17, par Valérie Borde.

Compréhension globale

Dites si les affirmations suivantes sont vraies (V) ou fausses (F). Expliquez votre choix.

1. Les statistiques sont pessimistes en ce qui concerne l'avenir des langues autochtones au Canada.
2. L'apprentissage des langues autochtones ne présente pas beaucoup de défi car elles ressemblent aux langues européennes.
3. Au XXe siècle, toutes les langues indigènes ont disparu.

4. Les parents de culture amérindienne préfèrent envoyer leurs enfants dans une école de langue anglaise ou française.
5. Ce sont les linguistes et les anthropologues qui jouent le plus grand rôle dans la conservation des langues autochtones.

Compréhension détaillée

1. Selon l'auteur, depuis combien de temps et comment les autochtones se sont-ils mobilisés pour sauvegarder leurs langues indigènes ?
2. Pourquoi est-il difficile de faire « revivre » certaines de ces langues ? Que faut-il faire pour assurer la survie de ces langues ?
3. Les blancs s'intéressent-ils aux langues autochtones depuis longtemps ? Expliquez.
4. L'article commence sur un ton plutôt pessimiste. Pouvez-vous expliquer la note d'optimisme apportée dans la conclusion du texte ?

Réflexion

1. Croyez-vous que la survie des langues autochtones au Canada soit possible ? Expliquez.
2. Faites des recherches approfondies sur une des langues mentionnées dans l'article.

Grammaire

Que sais-je ?

Indiquez la bonne réponse et expliquez votre choix.

1. Dans la phrase « On peut se rendre en Corse en bateau. », l'infinitif est le terme...

   _____ a) *bateau.*
   ✓ b) *se rendre.*
   _____ c) *peut.*

2. L'infinitif...

   ✓ a) est parfois précédé d'une préposition.
   _____ b) n'est jamais précédé d'une préposition.
   _____ c) est toujours précédé de la conjonction *que.*

3. On peut utiliser le subjonctif...

   ✓ a) après la conjonction *que.*
   _____ b) après les prépositions *à* ou *de.*
   _____ c) après la conjonction *lorsque.*

4. Le subjonctif...

   _____ a) est rarement utilisé.
   ✓ b) est souvent utilisé.
   _____ c) n'est utilisé qu'à l'écrit.

5. Si l'on utilise le verbe *revenir* après l'expression verbale *Il faut que...*, on dira :

____ a) *vous revenez.*

____ b) *vous reviendrez.*

✓ c) *vous reveniez.*

6. Dans la phrase « Il est possible que nous y *allions* ensemble. », le verbe en italique est...

____ a) à l'imparfait.

____ b) au subjonctif passé.

✓ c) au subjonctif présent.

1. L'infinitif

1A Complétez les phrases suivantes en traduisant le verbe entre parenthèses par l'infinitif présent. (Voir tableau 5.1.)

1. Nous devrons __conduire__ (drive) toute la nuit.
2. Je dois __me protéger__ (protect myself) contre ses attaques.
3. Il a fallu __apprendre__ (to learn) une nouvelle langue.
4. Elle veut __revenir__ (to come back) au Canada l'été prochain.
5. Elle va __être__ (to be) très fâchée quand elle va __rentrer__ (to come home).
6. Le train va bientôt __partir__ (to leave).
7. Je doute __pouvoir__ (to be able) le faire.
8. __Aimer__ (to love), c'est le plus grand défi de notre existence.
9. Il a agi sans __réfléchir__ (thinking) et les conséquences ont été catastrophiques.
10. __Faire__ (to make) la guerre, ça me dégoûte !

1B Donnez l'infinitif présent des verbes suivants.

1. il est mort __mourir__
2. que vous ayez __avoir__
3. je viendrai __venir__
4. nous nous sommes levés __se lever__
5. il faudrait __falloir__
6. il a plu __pleuvoir__
7. vous n'aurez pas fait __faire__
8. que tu ailles __aller__
9. il a joint __joindre__
10. ils ne se sont pas plus __se plaire__

1C L'infinitif présent passif d'un verbe transitif direct est formé de l'infinitif présent de l'auxiliaire *être* suivi du participe passé du verbe. Construisez des phrases passives.

Modèle : ce vieux bâtiment/démolir/le propriétaire
→ *Ce vieux bâtiment va être démoli par le propriétaire.*

1. le piano/qu'elle adore/vendre/son beau-père
   va être vendu

2. cet enfant/punir/son père
   va être puni

3. ce tableau/acheter/un millionnaire
   va être acheté

4. ce livre/publier/une maison d'édition réputée
   va être publié

1D Dans une phrase négative, les deux éléments *ne... pas, ne... plus*, etc. précèdent généralement l'infinitif présent ainsi que les pronoms objets. Complétez les phrases suivantes à l'aide d'un infinitif à la forme négative. (Voir tableau 5.3.)

1. Elle m'a ordonné de

2. Sa mère lui a demandé de

3. J'ai débranché le téléphone afin de

4. Il m'a forcé à

1E L'infinitif passé est une forme composée de l'infinitif présent de l'auxiliaire suivi du participe passé du verbe en question. Traduisez les mots entre parenthèses en employant l'infinitif passé. (Voir tableau 5.2.)

1. Après _s'être embrassés_ (having embraced each other), ils se sont quittés.
2. Après _avoir mangé_ (having eaten) trop d'ail, il s'est senti mal.
3. Après _avoir fermé_ (having locked) la porte, elle s'est rendu compte qu'elle n'avait pas ses clefs.
4. Après _nous être reposés_ (having rested), nous sommes sortis boire un pot.
5. Après _avoir vu_ (having seen) sa note, il a décidé de ne plus suivre de cours d'anglais.

1F Complétez les phrases suivantes en mettant les verbes entre parenthèses à l'infinitif passé. Faites l'accord du participe passé s'il y a lieu.

1. Le fait de _ne pas avoir eu_ (ne pas avoir) assez d'argent pendant nos vacances nous a vraiment embêtés.
2. J'avais peur d' _être partie_ (partir) trop tôt.
3. Je vous donnerai les schémas après les _avoir analysés_ (analyser).

4. Après nous _avoir invités_ (inviter), il a changé d'idée et a annulé la fête.
5. Après lui _avoir fait_ (faire) des reproches, elle l'a giflé.

1G Donnez l'infinitif passé des verbes suivants.

1. je prends — avoir pris
2. qu'il ait connu — avoir connu
3. il haït — avoir haï
4. vous ne finirez pas — ne pas avoir fini
5. ils s'éloignent — s'être éloignés
6. elles ne s'inscrivent pas — ne pas s'être inscrites
7. tu as conclu — avoir conclu
8. nous battrons — avoir battu
9. je n'ai pas su — ne pas avoir su
10. on est allé — être allé

1H Dans une phrase négative, les deux éléments de la négation précèdent généralement l'infinitif passé ainsi que les pronoms objets. Complétez les phrases suivantes à l'aide d'un infinitif passé à la forme négative. (Voir tableau 5.3.)

1. Il a avoué ne pas les _____.
2. Le patron nous a priés de ne pas la _____.
3. Il a déclaré ne jamais l' _____.
4. Anne préfère ne plus le _____.

1I L'infinitif peut être le sujet d'une phrase. Complétez les phrases suivantes en traduisant les mots entre parenthèses. (Voir tableau 5.4.)

1. _Vivre_ (Living) seul est souvent impossible pour les étudiants; il faut partager les frais.
2. _Danser_ (Dancing) frénétiquement est un moyen très efficace de maigrir.
3. _Donner_ (Giving) naissance à un enfant, c'est l'expérience la plus belle de la vie.
4. _Être_ (Being) franc avec ses collègues, c'est parfois difficile.
5. _Apprendre_ (Learning) une langue seconde, c'est important.

1J Complétez chaque phrase avec *à* ou *de* s'il y a lieu. (Voir tableau 5.5 et appendice C.)

1. Il s'amuse _à_ taquiner sa sœur.
2. Je m'engage _à_ finir ce projet avant le 30 avril.
3. Il faut se garder _de_ trop critiquer les autres.
4. Vous pensez _—_ partir demain ?

5. Ils espèrent ⎯⎯⎯ voyager cet hiver.
6. Mettons-nous à ⎯⎯⎯ travailler maintenant, sinon nous ne finirons jamais notre projet.
7. As-tu accepté de ⎯⎯⎯ le remplacer ?
8. Je compte ⎯⎯⎯ lui parler demain.
9. Nous regrettons de ⎯⎯⎯ ne pas vous avoir écrit.
10. Elles persistent à ⎯⎯⎯ se moquer de lui.

1K Complétez chaque phrase avec *à* ou *de*. (Voir tableau 5.6 et appendice D.)

1. Nous n'étions pas prêts à ⎯⎯⎯ partir.
2. Je suis heureuse de ⎯⎯⎯ vous revoir.
3. Elle est capable de ⎯⎯⎯ saisir les nuances de ce texte.
4. Vous êtes libre de ⎯⎯⎯ sortir si vous voulez.
5. Cet étudiant est si lent à ⎯⎯⎯ répondre que je perds patience.
6. Mon sac à dos est lourd à ⎯⎯⎯ porter, j'y ai mis trop de livres.
7. Vous êtes le seul à ⎯⎯⎯ saisir la portée de mon idée.
8. Tu es fou d' ⎯⎯⎯ aimer cette fille. Elle ne s'intéresse pas du tout à toi.
9. On est content de ⎯⎯⎯ se reposer un peu.
10. Tu es la première à ⎯⎯⎯ m'en parler.

1L L'infinitif peut être utilisé comme un nom (simple ou composé). Complétez les phrases suivantes en traduisant les mots entre parenthèses. (Voir tableau 5.4.)

1. Réveillons-nous très tôt demain pour voir le **lover** (rise) du soleil.
2. Il manque de **savoir-faire** (know-how).
3. Ils ont envoyé des **faire-part** (announcements) quand leurs enfants se sont mariés.
4. Au Rwanda, les forces rebelles ont saisi le **pouvoir** (power).
5. Il n'a pas encore maîtrisé le **parler** (speech) de tous les jours en français.

1M L'infinitif peut être utilisé dans une exclamation ou une interrogation. Complétez les phrases suivantes avec un infinitif qui donne un sens à la phrase. (Voir tableau 5.4.)

1. ⎯⎯⎯ ? Moi, jamais !
2. ⎯⎯⎯ avant les examens ? Rarement !
3. Tu veux ⎯⎯⎯ ma voiture ? Pas question !
4. Me ⎯⎯⎯ avec lui ? Jamais, je préfère rester célibataire !
5. Que ⎯⎯⎯ ? Je n'ai pas d'argent.

1N L'infinitif remplace souvent l'impératif dans les indications, les avis, les recettes ou les modes d'emploi. Complétez la recette suivante en traduisant les mots entre parenthèses. (Voir tableau 5.4.)

(1) _Mélanger_ (Mix) tous les ingrédients. (2) _Ajouter_ (add) de la farine en quantité suffisante pour permettre d'étendre la pâte. (3) _Couper_ (cut) la pâte avec un couteau de table, puis (4) _Saupoudrer_ (sprinkle) du sucre d'érable tamisé sur chaque biscuit avant de les (5) _mettre_ (put) au four. Faire (6) _cuire au four_ (bake) à chaleur modérée (300-375 °F) jusqu'à ce qu'ils soient dorés.

1O L'infinitif présent est la forme du verbe employée après la plupart des prépositions. Font exception *après* (suivi de l'infinitif passé) et *en* (suivi du participe présent). Mettez le verbe à la forme qui convient.

1. Il a fait cela pour m' _humilier_ (to humiliate).
2. Après _s'être assis_ (sitting down), il a commencé à lire.
3. Pour mieux _comprendre_ (to understand) le projet, il faut lire tous les textes préparatifs.
4. Elle a quitté la maison sans _avoir mangé_ (having eaten).

2. Le subjonctif

2A Mettez les verbes suivants au présent du subjonctif. (Voir tableau 5.7.)

1. nous (enseigner) — que _nous enseignions_
2. vous (manger) — que _vous mangiez_
3. tu (chanter) — que _tu chantes_
4. il (vendre) — qu' _il vende_
5. elles (entendre) — qu' _elles entendent_
6. nous (apprendre) — que _nous apprenions_
7. vous (réfléchir) — que _vous réfléchissiez_
8. tu (rougir) — que _tu rougisses_
9. je (se divertir) — que _je me divertisse_ ✗
10. vous (obéir) — que _vous obéissiez_

2B Mettez les verbes suivants au présent du subjonctif en faisant attention à leurs particularités orthographiques. (Voir tableau 5.7.)

1. tu (payer) — que _tu paies_
2. vous (peler) — que _vous peliez_
3. nous (placer) — que _nous placions_
4. nous (manger) — que _nous mangions_
5. je (amener) — que _j'amène_
6. ils (répéter) — qu' _ils répètent_

7. on (essuyer) qu' _on essuie_
8. vous (acheter) que _vous achetiez_
9. cela (peser) que _cela pèse_
10. nous (appeler) que _nous appelions_

2C Certains verbes irréguliers ont un subjonctif régulier. Mettez les verbes suivants au présent du subjonctif. (Voir tableau 5.8. et appendice A.)

1. vous (conclure) que _vous concluiez_
2. tu (conclure) que _tu conclues_
3. nous (battre) que _nous battions_
4. je (battre) que _je batte_
5. elle (courir) qu' _elle coure_
6. vous (courir) que _vous couriez_
7. tu (acquérir) que _tu acquières_
8. nous (acquérir) que _nous acquérions_
9. vous (s'asseoir) que _vous vous asseyiez_
10. on (s'asseoir) qu' _on s'asseye_
11. elles (conduire) qu' _elles conduisent_
12. tu (conduire) que _tu conduises_
13. il (connaître) qu' _il connaisse_
14. vous (connaître) que _vous connaissiez_
15. vous (craindre) que _vous craigniez_
16. tu (craindre) que _tu craignes_
17. il (dire) qu' _il dise_
18. nous (dire) que _nous disions_
19. tu (écrire) que _tu écrives_
20. vous (écrire) que _vous écriviez_
21. nous (lire) que _nous lisions_
22. je (lire) que _je lise_
23. on (mettre) qu' _on mette_
24. elles (mettre) qu' _elles mettent_
25. elle (ouvrir) qu' _elle ouvre_
26. nous (ouvrir) que _nous ouvrions_
27. tu (peindre) que _tu peignes_
28. vous (peindre) que _vous peigniez_
29. il (plaire) qu' _il plaise_
30. ils (plaire) qu' _ils plaisent_
31. nous (résoudre) que _nous résolvions_
32. elle (résoudre) qu' _elle résolve_
33. je (rire) que _je rie_
34. vous (rire) que _vous riez_

35. on (suivre)   qu' on suive
36. vous (suivre)   que vous suiviez
37. nous (vivre)   que nous vivions
38. je (vivre)   que je vive

2D Certains verbes irréguliers ont un radical particulier pour les formes *je, tu, il/elle/on* et *ils/elles* et un autre radical pour les formes *nous* et *vous*. Mettez les verbes suivants au présent du subjonctif. (Voir tableau 5.9.)

1. ils (devoir)   qu' ils doivent
2. vous (devoir)   que vs deviez
3. tu (aller)   que ailles
4. vous (aller)   que alliez
5. elles (boire)   qu' boivent
6. vous (boire)   que buviez
7. elle (croire)   qu' croie
8. vous (croire)   que croyiez
9. on (fuir)   qu' puisse fuire ※
10. vous (fuir)   que fuyiez ※
11. on (mourir)   qu' meure
12. vous (mourir)   que mouriez
13. ils (prendre)   qu' prennent
14. vous (prendre)   que preniez
15. elles (recevoir)   qu' reçoivent
16. vous (recevoir)   que receviez
17. ils (venir)   qu' viennent
18. vous (venir)   que veniez
19. je (voir)   que voie
20. vous (voir)   que voyiez
21. tu (vouloir)   que veuille ※
22. vous (vouloir)   que vouliez
23. on (tenir)   qu' tienne
24. vous (tenir)   que teniez

2E D'autres verbes irréguliers comme *faire, pouvoir* et *savoir* n'ont qu'un seul radical. Complétez les phrases suivantes en utilisant le présent du subjonctif des verbes entre parenthèses. (Voir tableau 5.10.)

1. Si tu veux sortir ce soir, il faut que tu __fasses__ (faire) la vaisselle.
2. Je doute qu'ils __puissent__ (pouvoir) atteindre ce but.
3. Je ne crois pas qu'elle __sache__ (savoir) la vérité.
4. Il est essentiel que vous __sachiez__ (savoir) conjuguer les verbes.
5. Nous voulons que vous __fassiez__ (faire) un effort.
6. Il est impensable que nous ne __puissions__ (pouvoir) pas réussir.

2F Complétez les phrases suivantes en utilisant le présent du subjonctif des verbes *avoir* ou *être*. (Voir tableau 5.11.)

1. Nous sommes contents que vous _soyez_ (être) heureux.
2. Je ne peux pas accepter que tu _sois_ (être) toujours en retard.
3. Cela me fâche qu'ils _aient_ (avoir) cette attitude.
4. Tu ne crois pas qu'il _soit_ (être) jaloux ?
5. Il faut que nous _ayons_ (avoir) de la patience.
6. Je doute qu'elle _soit_ (être) malhonnête.
7. Il vaut mieux que tu _aies_ (avoir) le sens de l'humour.

2G Mettez les verbes suivants au passé du subjonctif. (Voir tableau 5.12)

1. elle (descendre) qu' _soit descendue_
2. nous (se promener) que _nous soyons promenés_
3. il (neiger) qu' _ait neigé_
4. ils (construire) qu' _aient construit_
5. tu (dormir) que _aies dormi_
6. elle (se plaindre) qu' _se soit plainte_
7. on (demander) qu' _ait demandé_
8. nous (arriver) que _soyons arrivés_
9. ils (partir) qu' _soient partis_
10. il (tuer) qu' _ait tué_

2H Mettez les verbes entre parenthèses au passé du subjonctif.

1. Nous sommes heureux que vous _soyez venus_ (venir) chez nous hier soir.
2. Je regrette qu'elle vous _ait dit_ (dire) cela.
3. Elle est fâchée que nous _n'ayons pas terminé_ (ne pas terminer) ce devoir à temps.
4. Il regrette que je _n'aie pas aimé_ (ne pas aimer) le film.
5. C'est bizarre qu'elles _soient parties_ (partir) à cette heure-là.
6. C'est dommage qu'il _n'ait pas vérifié_ (ne pas vérifier) l'heure du départ.
7. Elle doute qu'il _se soit rasé_ (se raser) avant de partir.
8. Je ne crois pas que tu _aies fait_ (faire) ce travail tout seul.

2I On met le verbe de la subordonnée complétive au subjonctif quand le verbe de la principale exprime la volonté (désir, opposition, jugement, accord, consentement, préférence personnelle, etc.). Mettez le verbe entre parenthèses au subjonctif. (Voir tableau 5.13.)

1. Ses parents ne consentent pas à ce qu'elle _se marie_ (se marier) avec un homme divorcé.
2. J'aime mieux que mon enfant m' _obéisse_ (obéir).
3. Il est préférable qu'il _pleuve_ (pleuvoir) parce que la terre est sèche.
4. Je consens à ce qu'elle _fasse_ (faire) quelque chose pour m'aider.
5. Nous voudrions que vous _disiez_ (dire) quelques mots à ce sujet.

6. Je ne tolérerai pas que tu me _parles_ (parler) comme ça.
7. On s'oppose à ce que le gouvernement _augmente_ (augmenter) encore les impôts.
8. Il vaut mieux que tu _ne passes pas_ (ne pas se faire) d'illusions là-dessus.
9. Je comprends que vous _soyez_ (être) déçus.
10. Je voudrais qu'ils _aillent_ (aller) en Afrique avec moi cet été.

2J
Choisissez entre le subjonctif et l'indicatif dans les phrases suivantes. (Voir tableau 5.13.)

1. Elle pense que nous _avons_ (avoir) de bonnes chances de gagner le championnat.
2. J'espère qu'il _deviendra_ (devenir) médecin.
3. Je comprends qu'il _est_ (être) question d'argent.
4. Je comprends que tu _sois_ (être) stressé.

2K
On met le verbe de la subordonnée complétive au subjonctif quand le verbe de la principale exprime la nécessité (avantage, contrainte, convenance, importance, obligation, urgence, etc.). Mettez le verbe entre parenthèses au subjonctif. (Voir tableau 5.13.)

1. Faut-il que je _finisse_ (finir) ce projet ?
2. Il est utile que vous _sachiez_ (savoir) parler français.
3. Nous avons hâte que la session _finisse_ (finir).
4. Il est temps que vous _changiez_ (changer) de perspective.
5. L'université exige qu'on _suive_ (suivre) ces deux cours.
6. Il est avantageux qu'elle _puisse_ (pouvoir) suivre ces trois cours.
7. Peu importe qu'il _neige_ (neiger) ou qu'il _pleuve_ (pleuvoir).
8. Je ne suis pas d'accord avec le fait qu'il _gagne_ (gagner) plus que vous.
9. Il convient que vous _remerciez_ (remercier) vos hôtes de leur hospitalité.
10. Le gérant a ordonné que nous _fermions_ (fermer) le magasin.

2L
On met le verbe de la subordonnée complétive au subjonctif quand le verbe de la principale exprime la possibilité (réalisation possible ou impossible, réalisation possible mais rare, éventualité, réalisation attendue, etc.). Mettez le verbe entre parenthèses au subjonctif. (Voir tableau 5.14.)

1. Il se peut que le monde financier _s'écroule_ (s'écrouler) à cause des déficits énormes de presque tous les pays.
2. Il semble que l'Europe _passe_ (passer) à travers une crise politique sérieuse.
3. Il est rare qu'un enfant _comprenne_ (comprendre) les conséquences de ses actions.

4. Nous attendons qu'elles _se trahissent_ (se trahir).
5. Il est peu probable que vous _ayez_ (avoir) raison.
6. Il est impossible que je _prenne_ (prendre) l'avion ; cela coûte trop cher.
7. Je m'attendais à ce que vous _vous comportiez_ (se comporter) d'une manière raisonnable.

2M Choisissez entre le subjonctif et l'indicatif. (Voir tableau 5.14.)

1. Il semble que vous _vous trompiez_ (se tromper).
2. Il me semble qu'elle _a_ (avoir) tort.
3. Il est peu probable que j'_aie_ (avoir) le temps d'écrire un roman cette année.
4. Il est probable qu'elle _démissionne_ (démissionner) à cause du comportement de son patron.

2N On met le verbe de la subordonnée complétive au subjonctif quand le verbe de la principale exprime le doute (l'improbable, l'invraisemblable, le contestable, etc.). Mettez le verbe entre parenthèses au subjonctif. (Voir tableau 5.14.)

1. Il est discutable que votre idée _soit_ (être) la meilleure.
2. Il est peu sûr que le candidat _ait_ (avoir) la faveur du public.
3. On doute qu'ils _puissent_ (pouvoir) construire cette maison dans les délais prévus.

2O Complétez les phrases suivantes.

1. Rien ne prouve que _____.
2. Il est faux que _____.
3. Il est invraisemblable que _____.

2P Complétez les phrases suivantes. Attention au temps et au mode du verbe !

1. Elle se doutait que _____.
2. Nous doutons que _____.
3. Il est certain que _____.
4. Il est incertain que _____.
5. Il est probable que _____.
6. Il est peu probable que _____.

2Q On met le verbe de la subordonnée complétive au subjonctif quand le verbe de la principale exprime un sentiment. Mettez le verbe entre parenthèses au subjonctif. (Voir tableau 5.15.)

1. Elle serait ravie qu'ils _viennent_ (venir) passer quelques jours chez elle au bord de la mer.
2. Il est louable que vous _ne buviez plus_ (ne plus boire) d'alcool.

3. Il est merveilleux que nous _nous voyions_ (se voir) plus souvent.
4. Ils avaient peur que leur enfant _meure_ (mourir) dans la nuit.
5. Il est scandaleux qu'on _permette_ (permettre) aux gens de détruire des forêts tropicales.

2R Choisissez entre le subjonctif et l'infinitif. (Voir tableau 5.15.)

1. Nous sommes tristes de _=_ (ne pas pouvoir) partir avec vous.
2. Il est dommage que l'ouragan _ait détruit_ (détruire/passé du subjonctif) cette jolie maison.
3. Je suis heureuse de/d' _=_ (quitter) ce pays si froid.
4. Je suis content que votre voiture _marche_ (marcher) bien.

2S On met le verbe de la subordonnée complétive au subjonctif quand celle-ci est introduite par certaines conjonctions. Complétez les phrases suivantes en utilisant la forme correcte du verbe entre parenthèses. (Voir tableau 5.16.)

1. Il a bien chanté malgré le fait qu'il _ait trop mangé_ (trop manger/passé du subjonctif) juste avant le spectacle.
2. Ta mère t'a laissé une note pour que tu _achètes_ (acheter) du lait en rentrant.
3. Le chien est sorti pendant la nuit sans que je l' _aie entendu_ (entendre).
4. Je vous accompagnerai pourvu que vous me _payez_ (payer) le voyage.
5. Elle ne peut pas parler à moins que tu ne _te taises_ (se taire).
6. Je me suis levée avant que le réveille-matin ne _retentisse_ (retentir).
7. J'économise de l'argent en ce moment afin que mon épouse et moi _puissions_ (pouvoir) acheter une maison l'année prochaine.
8. Bien que Thérèse _soit_ (être) malade, elle s'est quand même présentée aux examens.

2T Certaines des conjonctions du tableau 5.16 ont une forme prépositive équivalente qui est suivie d'un infinitif. N'oubliez pas que l'on n'utilise la préposition suivie de l'infinitif que si le sujet du verbe principal est le même que celui du verbe de la subordonnée. (On n'utilise la conjonction suivie du subjonctif que si le sujet du verbe principal est différent de celui du verbe de la subordonnée.) Complétez les phrases suivantes.

1. J'ai dit cela afin que tu _____.
2. J'ai dit cela afin de _____.
3. Je le ferai avant de _____.
4. Je le ferai avant qu'elle ne _____.
5. Nous acceptons votre décision à condition que Pierre _____.
6. Nous acceptons votre décision à condition de _____.

2U On met le verbe de la subordonnée complétive au subjonctif quand celle-ci est introduite par un verbe d'opinion ou de déclaration à la forme négative ou interrogative parce qu'à ce moment-là, on exprime l'incertitude ou l'improbabilité. Mettez le verbe entre parenthèses au subjonctif. (Voir tableau 5.17.)

1. Croyez-vous qu'ils _viennent_ (venir) aux funérailles ?
2. Penses-tu que ce chien _soit_ (être) méchant ?
3. Trouves-tu que ma sœur _écrive_ (écrire) mal ?
4. Je ne pense pas que tu _puisses_ (pouvoir) finir tout ce travail avant midi, alors je sors sans toi.
5. Il ne croit pas que ceci _soit_ (être) possible.

Mais si ce qu'on dit ou ce qu'on pense est probable ou certain, ou si les verbes d'opinion et de déclaration sont à l'affirmatif, on emploie l'indicatif. Choisissez entre le subjonctif et l'indicatif.

6. Croyez-vous que les Martiens _veuillent_ (vouloir) visiter la terre ?
7. Crois-tu qu'il _ait / aura_ (avoir) faim quand il rentrera ?
8. Je dis que vous _êtes_ (être) stupide.
9. Je suis certain que la musique classique _est_ (être) la meilleure.
10. Il me semble qu'il _faut_ (falloir) améliorer le système.

2V Complétez les phrases suivantes. (Voir tableau 5.17.)

1. Le groupe Barenaked Ladies a annoncé que _____.
2. Le professeur a dit que _____.
3. Nous voyons que ce professeur _____.
4. Il paraît que tes parents _____.
5. Vous ne pensez pas que _____.
6. J'ai dit que _____.

2W On emploie le subjonctif dans une subordonnée relative si l'information n'est pas confirmée ou s'il y a un élément de doute. Mettez les verbes entre parenthèses au subjonctif. (Voir tableau 5.18.)

1. Je cherche un mécanicien qui _puisse_ (pouvoir) réparer ma voiture.
2. Elle cherche un docteur qui _sache_ (savoir) guérir sa maladie.

2X On emploie le subjonctif dans une subordonnée qui qualifie le superlatif lorsqu'il y a un élément de doute quant à la véracité de ce qu'on dit. C'est pour atténuer le ton absolu du superlatif. Complétez chaque phrase avec la forme appropriée du subjonctif. (Voir tableau 5.18.)

1. C'est le pire ragoût que j'_aie jamais mangé_ (jamais manger/passé du subjonctif).
2. C'est la meilleure nouvelle qu'on _puisse_ (pouvoir) me donner en ce moment.
3. C'est la plus belle femme que je _connaisse_ (connaître).

2Y On emploie le subjonctif dans une subordonnée qui qualifie un restrictif (c'est-à-dire les expressions telles que *le seul...*, *l'unique...*, etc.) quand il y a le moindre élément de doute dans ce qu'on dit. Complétez chaque phrase avec la forme appropriée du subjonctif. (Voir tableau 5.18.)

1. Vous êtes sans doute la seule personne qui __sache__ (savoir) ce secret.
2. C'est le seul désir qu'il __ait__ (avoir) ?
3. Pierre est le seul qui __puisse__ (pouvoir) me comprendre dans cette affaire.

2Z On emploie le présent du subjonctif dans la subordonnée complétive quand l'action du verbe est simultanée ou postérieure à celle de la proposition principale. Complétez chaque phrase avec la forme appropriée du présent du subjonctif. (Voir tableau 5.20.)

1. Je suis contente que tu __sois__ (être) ici avec moi ce soir.
2. Je ne crois pas qu'elle __sache__ (savoir) patiner.
3. Je doute que ma famille __vienne__ (venir) chez moi à Pâques cette année.

On emploie le passé du subjonctif dans la subordonnée complétive quand l'action du verbe est antérieure à celle de la proposition principale. Complétez chaque phrase avec la forme appropriée du passé du subjonctif. (Voir tableau 5.20.)

4. Je suis heureuse que tu __te sois marié__ (se marier) il y a deux mois.
5. Je ne pense pas qu'il __ait neigé__ (neiger) pendant la nuit.
6. Je ne suis pas sûr qu'il __ait été__ (être) malade la semaine dernière.

On emploie le passé du subjonctif dans la subordonnée complétive quand l'action du verbe est antérieure à un moment précisé, même dans l'avenir. Complétez chaque phrase avec la forme appropriée du passé du subjonctif. (Voir tableau 5.20.)

7. Le professeur ne croyait pas qu'ils __aient triché__ (tricher) à l'examen final.
8. C'est bizarre qu'elle __ait laissé__ (laisser) ses enfants chez sa cousine.
9. Je suis content que vous __n'ayez pas oublié__ (ne pas oublier) d'acheter du vin.
10. Elle est ravie que nous __ayons rendu__ (rendre) visite à sa mère lors de notre voyage en Chine.
11. J'étais surpris qu'il __ait neigé__ (neiger) en mon absence.
12. Je ne pense pas qu'elle __ait obtenu__ (obtenir) son diplôme avant 1989.

3. Traduction

3A Traduisez les phrases suivantes en français.

1. Thank you for helping me when I needed someone.
   Merci de m'avoir aidée quand j'avais besoin de qqn

2. Instead of studying, we watched movies on TV.
   Au lieu d'étudier nous avons regardé des films à la télé

3. I was going to become a doctor but I changed my mind.
   Je me destinais à la médecine mais j'ai changé d'avis

4. He is in the process of writing his memoirs.
Il est en train d'écrire ses mémoires

5. We are going to eat in five minutes.
Nous allons manger dans 5 minutes

6. I hear them shouting.
Je les entends crier

7. She heard us sighing and asked us what was the matter.
Elle nous a entendus soupirer et nous a demandé

8. Being patient will help you accomplish your goals.
Être patient vous aidera à réaliser vos ambitions

3B On emploie le subjonctif dans des propositions indépendantes (sans verbes ou expressions qui précèdent) pour exprimer un souhait d'une manière formelle ou pour exprimer un ordre ou une suggestion à la troisième personne. Traduisez les phrases suivantes en français. (Voir tableau 5.17.)

1. Long live the queen! _Vive la reine_
2. No one move! _Que personne ne bouge_
3. Well, let him come in! _Eh bien, qu'il entre_
4. Let them wait! _Qu'ils attendent_
5. May God forgive you! _Que Dieu te pardonne_

3C On emploie le subjonctif dans une subordonnée relative si l'information n'est pas confirmée ou s'il y a un élément de doute. Traduisez les phrases suivantes en français. (Voir tableau 5.18.)

1. The director is looking for a woman who could play this role.
Le directeur cherche une femme qui puisse jouer ce rôle

2. I am looking for a professor who can explain the subjunctive to me.
Je cherche un prof qui puisse m'expliquer le subjonctif

3D Traduisez les phrases suivantes en français. (Voir tableau 5.21.)

1. I am afraid that they are angry.
J'ai peur qu'ils soient fâchés

2. It is essential that you understand this concept.
Il faut que tu comprennes ce concept

3. I am furious that you said that to my boyfriend!
Je suis furieuse que tu aies dit ça à mon petit ami

4. It's not very likely that my team will win.
Il est peu probable que mon équipe gagne

5. Long live the prince!
Vive le prince

6. Jean-Claude had to leave France.
J-C a été obligé de quitter la France

7. She wanted to leave. She was very unhappy.
Elle voulait partir. Elle était très malheureuse

8. I am happy to be able to help you.
Je suis contente/heureuse de pouvoir vs aider

9. They are demanding that you speak.
Ils exigent que vs parliez

10. Do you want to speak?
Voulez-vs parler?

11. I will wait until you are quiet before I start to speak.
J'attendrai jusqu'à ce que vs taisiez avant de parler

12. I am sad that you're leaving.
Je suis triste que tu partes

13. We are so happy that our cousins are emigrating to Canada.
Ns sommes tellement heureux que ns cousins immigrent au C.

14. We were surprised to discover that he had embezzled our money.
Ns étions surpris de découvrir qu'il avait

4. Expression écrite

4A Complétez les phrases suivantes.

1. J'ai toujours apprécié les professeurs qui _____.
2. Je suis convaincu que _____.
3. Je ne participerai plus à ces réunions jusqu'à ce que _____.
4. Aussitôt qu'elle arrivera, _____.
5. Du moment que vous êtes là, _____.
6. Elle a d'autant plus de mérite qu'elle _____.
7. Tous les préparatifs seront faits de sorte que _____.
8. Quels que soient vos projets, _____.

4B Dites quatre choses que vous devez faire ou ne pas faire en employant chaque fois un verbe de nécessité différent.

1. _____
2. _____
3. _____
4. _____

Expression écrite 101

4C Rédigez un courriel dans lequel vous expliquez à un(e) nouvel(le) employé(e) ce qu'il faut faire et ne pas faire au bureau (imaginaire ou non) où vous travaillez. Utilisez des expressions telles que : *Il faut que...*, *Il est indispensable de...*, *Il est souhaitable que...*, *Il est préférable de ne pas...*, etc.

D'autres horizons...

De nombreux ouvrages ont été écrits au sujet de la rencontre de deux cultures. Nous vous proposons un texte plein d'humour. Il s'agit de la bande dessinée *Astérix chez les Helvètes* de Sempé et Goscinny.

CHAPITRE 6

Vocabulaire

Exercice 1 : Mots à compléter
Exercice 2 : Correspondances
Exercice 3 : Phrases à composer
Exercice 4 : Paragraphes à composer

Lecture

Bon Cop, Bad Cop (critique de film) avec questions de compréhension

Grammaire

1. Les pronoms personnels
2. Traduction
3. Expression écrite

D'autres horizons...

Vocabulaire

Exercice 1 : Mots à compléter

Complétez les mots suivants à l'aide des lettres données. Les mots sont tirés du vocabulaire du chapitre 6.

1. Charlie Chaplin était une grande vedette des fims m u e t s des années 30.
2. Dans le dernier film de Georges Lucas, il y avait beaucoup d' e f f e t s   s p é c i a u x.
3. Ce cinéaste africain a eu de la difficulté à t ourner son film au Soudan.
4. On veut c ensurer son film à cause des scènes trop violentes.
5. J'ai vu un film hier soir. Quel n a v et! Les acteurs étaient nuls et le scénario simpliste.

Exercice 2 : Correspondances

Reliez les mots de la colonne A à ceux de la colonne B pour former une phrase. Les mots de la colonne B sont dans le désordre.

Colonne A		Colonne B
1. Une cascadeuse	c	a) ne fera pas salle comble...
2. Un cinéphile	f	b) attire des grandes célébrités du monde entier...
3. Les décors modernes	e	c) prend des risques...
4. Un « four »	a	d) attend sa chance d'être découverte...
5. Le festival de Cannes	b	e) peuvent coûter très cher...
6. Cette figurante	d	f) va souvent voir des films...

103

Puis complétez chacune des phrases en suivant l'exemple donné.

1. Une cascadeuse prend des risques e*n faisant des choses dangereuses comme sauter d'un toit ou d'un train en marche.*

2. Un cinéphile _____

3. Les décors modernes _____

4. Un « four » _____

5. Le festival de Cannes _____

6. Cette figurante _____

Exercice 3 : Phrases à composer

Choisissez deux paires de mots de la même famille parmi les quatre paires ci-dessous. Composez une phrase d'au moins huit mots pour chaque élément de la paire en utilisant le contexte du cinéma. Il y a donc quatre phrases à rédiger au total.

Paire 1	Paire 2	Paire 3	Paire 4
produire	censurer	mettre en scène	un scénario
la production	la censure	une mise en scène	une scène

Phrase 1 : _____

Phrase 2 : _____

Phrase 3 : _____

Phrase 4 : _____

Exercice 4 : Paragraphes à composer

Répondez à chacune des questions ci-dessous en rédigeant un paragraphe d'environ 50 mots.

1. Qui est votre acteur/actrice préféré(e) ? Pourquoi aimez-vous ses films ?

2. Racontez un film que vous avez vu dernièrement et que vous avez beaucoup aimé.

3. Selon vous, quelles sont les qualités d'un bon film ?

Un intrigue intéressant
De bons acteurs / de bonnes interprétations
Pas trop de trucages

Lecture

Lisez le texte ci-dessous puis répondez aux questions de compréhension.

Bon Cop, Bad Cop

Erik Canuel est un des réalisateurs les plus talentueux d'une nouvelle génération de cinéastes au Québec. Avec une vaste gamme de films, ce jeune réalisateur s'est déjà bâti une réputation qui attire un public de plus en plus nombreux aux lancements de ses films. Mais c'est avec son dernier long-métrage, *Bon Cop, Bad Cop*, que ce cinéaste québécois a obtenu le plus grand succès de tous les temps au Québec, surpassant même ceux de ses compétiteurs américains. Le film, sorti le 4 août 2006, est avant tout une comédie d'action qui profite de la problématique identitaire au Canada, c'est-à-dire des tensions existantes entre les Anglophones et les Francophones, pour nous faire rire.

Le film, qui suit le modèle classique hollywoodien des films d'action, est basé sur l'idée de Patrick Huard, à la fois scénariste et acteur principal, de mettre en scène deux personnages issus de milieux culturels différents pour créer une comédie d'été avec tous les ingrédients du comique. Huard et Canuel nous ont donné une histoire bourrée de petits clichés ridicules, peu crédibles et pas logiques, mais tout de même une histoire captivante, efficace, bien mise en action et particulièrement canadienne, qui atteint largement le but recherché, c'est-à-dire nous divertir et nous faire éclater de rire.

Lorsque le cadavre d'un prestigieux avocat québécois est trouvé sur un panneau de signalisation routière qui divise la frontière du Québec et de l'Ontario, deux policiers investigateurs, l'un Québécois, l'autre Ontarien, sont obligés de travailler conjointement malgré leurs réticences initiales et l'opposition de leurs caractères. En découvrant qu'il s'agit d'un tueur en série toujours actif qui prétend mettre fin à une organisation qui vend les meilleurs joueurs de hockey aux Américains, les deux enquêteurs se mettent en action pour l'arrêter avant qu'il ne commette un autre assassinat. Au fur et à mesure que l'enquête avance, les deux policiers se voient obligés d'établir une relation de travail qui, malgré la tension et la rivalité entre les deux, deviendra plus amicale et affectueuse à la fin du film. Et c'est précisément cette interaction et cette évolution des deux personnages, complètement opposés, qui vont attirer notre attention.

Le film s'organise autour des deux personnages principaux. David Bouchard, l'investigateur québécois aux instincts suicidaires, négligent, vulgaire et qui fait ses propres règles, est joué formidablement par Patrick Huard, qui nous donne une performance à la hauteur de son talent. De même que Martin Ward, l'investigateur ontarien très équilibré, consciencieux, distingué et qui suit les règlements avec rigueur, incarné superbement par Colm Feore, qui fait aussi valoir ses compétences artistiques en nous donnant une performance très convaincante.

En plus, l'un des aspects les plus riches du film est l'ingéniosité avec laquelle le réalisateur profite de la particularité linguistique et culturelle de notre société pour créer un film formidablement stéréotypé et bilingue. Tout au long du film, on jouit de cet aspect linguistique en passant d'une langue à l'autre, ce qui sert à nous donner les scènes les plus humoristiques du film, comme celle où le capitaine tente de traduire ce que son collègue anglais propose aux policiers ou celle où le médecin légiste explique à une vitesse incompréhensible les causes possibles de la mort de la victime. En outre, les distinctions culturelles mettent en relief les différents styles et comportements de chacun tant dans le milieu familial que professionnel, ce qui contribuent aussi au comique du film.

Sans parler de la qualité du montage du film, que je considère superbe surtout dans une des séquences les plus artistiquement réussies, à mon avis, du point de vue du montage d'images et de sons, celle où Bouchard et la sœur de Ward ont un rapport sexuel pendant que l'un des tueurs attaque Ward. Avec une vitesse supersonique, on passe d'une action à l'autre et l'action se déplace d'un endroit à un autre avec le même rythme de mouvement. Le montage joue habilement avec la temporalité, la spatialité, la musique et la luminosité des deux séquences pour captiver l'intérêt du spectateur en évoquant une gamme d'émotions et de sensations en même temps. À un moment donné, on ne sait pas si c'est la scène de Bouchard ou celle de Ward. Cette scène permet aussi d'une façon subtile et créative de transmettre le sentiment nationaliste québécois, et le message est clair.

Enfin, c'est un film qui, malgré l'incohérence de l'histoire, restera gravé dans notre mémoire comme l'un des plus drôles et divertissants du cinéma québécois et qui, bien qu'il ne soit pas fait pour nous faire réfléchir, nous fera plaisir. Pourquoi ne pas rire de nos propres incompatibilités au lieu de celles de notre proche voisin ?

Yamila Sotto-Brito, février 2007.

Compréhension globale

Encerclez la phrase correcte.

1. a) *Bon Cop, Bad Cop* est un film dont l'histoire originale et bien pensée nous fait réfléchir.
   b) *Bon Cop, Bad Cop* est un film divertissant qui suit la formule des films américains.

2. a) Erik Canuel est un jeune réalisateur qui a déjà une réputation solide.
   b) Avant *Bon Cop, Bad Cop* Erik Canuel a réalisé plusieurs films, mais sans grand succès.

3. a) L'intrigue du film repose sur une histoire dont le thème est canadien.
   b) L'intrigue du film a peu d'intérêt pour un public canadien.

4. a) L'originalité de *Bon Cop, Bad Cop* est due à son caractère bilingue et aux stéréotypes présentés.
   b) *Bon Cop, Bad Cop* n'est pas original parce que l'histoire est invraisemblable et il y a beaucoup de clichés.

Compréhension détaillée

1. Qui est Patrick Huard ?
   Scénariste et acteur principal

2. Quels sont les aspects du film que l'auteure critique sévèrement ?
   des clichés

3. On dit que *Bon Cop, Bad Cop* suit le modèle classique hollywoodien des films d'action. Que veut-on dire par cela ?

4. Quels sont les éléments de *Bon Cop, Bad Cop* qui en font une œuvre « canadienne », qu'elle trouve réussis ?

Réflexion

1. Connaissez-vous des films où deux personnes de culture différente sont obligées de travailler ensemble (pour résoudre un crime ou dans un autre but) ? Lesquels ?

2. Avez-vous vu *Bon Cop, Bad Cop* ? Êtes-vous d'accord avec cette critique ? Si vous n'avez pas eu l'occasion de voir ce film, vous paraît-il intéressant ?

Grammaire

Que sais-je ?

Indiquez la bonne réponse et expliquez votre choix.

1. Dans la phrase « Ce film, je vais le voir avec elle. », il y a...

   ____ a) un pronom personnel.

   _X_ b) deux pronoms personnels.

   ____ c) trois pronoms personnels.

2. Dans la phrase « Cette comédie, elle l'a vue à la télé. », le pronom *l'* remplace...

   ____ a) *elle.*

   ____ b) *la télé.*

   _X_ c) *cette comédie.*

3. Dans la phrase « Elle ne le lui a pas dit. », le pronom complément d'objet indirect est le mot...

_____ a) *elle.*

_____ b) *le.*

__X__ c) *lui.*

4. Dans la phrase « Je ne la lui ai pas donnée. », le pronom complément d'objet direct est le mot...

__X__ a) *lui.*

__X__ b) *la.*

_____ c) *je.*

5. Dans la phrase « Nous les leur avons prêtés. », le participe passé s'accorde avec le mot...

_____ a) *nous.*

__X__ b) *les.*

_____ c) *leur.*

6. Après la préposition *avec*, on peut utiliser le pronom...

__X__ a) *lui.*

_____ b) *le.*

_____ c) *la.*

1. Les pronoms personnels

1A Le pronom personnel sujet précède généralement le verbe, mais il doit parfois être placé après le verbe dans certaines constructions. Ajoutez un pronom sujet pour compléter les phrases suivantes. (Voir tableaux 6.4 et 6.5.)

1. __Elle__ travaille très fort et elle gagne un bon salaire.
2. __Il__ est très doué pour la musique.
3. __Nous__ nous préparons pour la fête de ce soir.
4. __Je__ me lève à six heures tous les matins.
5. __Vous__ êtes un athlète célèbre, n'est-ce pas ?
6. __Il__ est le président de la France actuellement.
7. __Elle__ est morte à l'âge de 36 ans. Un de ses meilleurs films était *Some Like it Hot*, tourné en 1959.
8. Avez-__vous__ quelque chose d'intéressant à me raconter ?
9. Sinead O'Connor ? Où est-__elle__ née ?

10. Et lui, comment va-t-_il_ ?

11. Eux, _ils_ sont toujours en retard. C'est frustrant !

12. « On a de la veine, dit-_il_, pas de flics nulle part. »

13. Voudrais-_tu_ participer à ce concours ?

14. À peine l'infirmière était-_elle_ entrée dans la chambre que le patient est mort.

1B Mettez les verbes suivants à la forme et au temps/mode indiqués. Mettez le pronom réfléchi au bon endroit et faites attention aux accords. (Voir tableau 6.6.)

1. s'habiller (impératif affirmatif/vous)
   Vous Habillez-vs

2. se taire (impératif affirmatif/toi)
   Tais-toi

3. se lever (impératif négatif/toi)
   Ne te lève pas

4. se disputer (impératif négatif/nous)
   Ne ns disputons pas

5. se laver (elles/passé composé)
   Elles se sont lavées

6. s'amuser (ils/imparfait)
   Ils s'amusaient

7. se battre (les enfants/présent/phrase négative)
   Ils ne se battent pas

8. se souvenir (nous/futur simple)
   Nous ns souviendrons

9. se promener (nous/conditionnel)
   Answer incorrect

10. se fatiguer (je/passé composé)
    Je me suis fatiguée

11. se reposer (Anne/imparfait/phrase négative)
    Anne ne se reposait pas

12. s'en aller (l'institutrice/passé simple)
    Elle s'en alla

1C Récrivez chaque phrase en remplaçant les mots soulignés par un pronom objet direct ou indirect. Mettez le pronom au bon endroit et faites attention aux accords. (Voir tableaux 6.7 et 6.8.)

1. Je vais acheter cette lampe à ma mère.
   lui

2. Avez-vous mis la fortune que votre oncle vous a laissée à la banque ?
   L'avez-vous mise

3. Je refuse de croire que tu parles à Jean-Pierre tous les soirs.
    lui

4. J'ai demandé un peu d'argent à ma copine.
    Je lui ai demandé

5. Saluez vos parents de ma part quand vous allez voir vos parents.
    Saluez-les   les

6. Il a téléphoné à tous les membres du comité pour les convaincre de voter comme lui.
    leur a téléphoné

7. Cet enfant n'a jamais aimé son frère.
    Il ne l'a jamais aimé

8. N'oubliez pas d'aider le facteur à monter le grand colis que j'attends.
    de l'aider   le

9. Tu as noté leur adresse ?
    Tu l'as notée

10. Tu as pris le train ?
    Tu l'as pris

11. On ne va jamais revoir cette charmante personne ?
    la

12. Je vais parler aux autres étudiants.
    leur

1D Répondez aux questions suivantes en remplaçant les mots soulignés par le pronom invariable *y*. (Voir tableau 6.9.)

1. Allez-vous répondre au télégramme ? (oui)
   Oui, je vais y répondre.

2. A-t-elle répondu à la lettre ? (oui, déjà)
   Oui, elle y a déjà répondu

3. Ne peux-tu pas répondre à la question du professeur ? (si)
   Si, je peux y répondre

4. Jouent-ils au badminton ? (non/ne... jamais)
   Non, ils n'y jouent jamais

5. Aimez-vous jouer au tennis ? (oui)
   Oui, j'aime y jouer

6. Tenez-vous beaucoup à votre travail ? (oui)
   Oui, j'y tiens bcp

7. Est-ce que vos cousins passent beaucoup de temps à la Guadeloupe ? (oui)
   Oui, ils y passent

8. Est-ce que Jean Chrétien habite toujours à Ottawa ? (non/ne... plus)
   Non, il n'y habite plus

9. As-tu réfléchi à ce problème ? (non/ne... pas encore)
   Non, je n'y ai pas encore réfléchi

10. As-tu l'intention de vivre aux Antilles ? (oui)
Oui, j'ai l'intention d'y vivre

11. Est-ce que la bonne a remis l'argenterie dans le tiroir ? (non)
Non, elle n'y a pas remis

12. Est-ce que le voleur a caché son butin derrière le sofa ? (non)
Non, il n'y a pas caché

13. Devons-nous aller à l'hôpital ? (oui)
Oui, ns devons y aller

14. Vas-tu en Argentine cette année ? (non)
Non, je n'y vais pas

15. Faisait-elle attention à la qualité de son travail ? (non)
Non, elle n'y faisait pas

1E Répondez affirmativement et négativement aux questions suivantes.
Modèle : Êtes-vous déjà allé(e) en Algérie ?
→ *Oui, j'y suis déjà allé(e).*
→ *Non, je n'y suis pas encore allé(e).*

1. Êtes-vous déjà allé(e) en Roumanie ?
Oui, j'y suis déjà allée
Non, je n'y suis pas ~~déjà~~ allée ENCORE

2. Êtes-vous déjà allé(e) en Norvège ?

3. Êtes-vous déjà allé(e) aux Pays-Bas ?

1F Récrivez les phrases suivantes en remplaçant les mots soulignés par *y*, *lui* ou *leur*. (Voir tableaux 6.8 et 6.9.)

1. J'ai parlé au docteur à propos de mon opération.
Je lui ai parlé

2. Les parents doivent apprendre à leurs enfants comment se comporter.
Ils doivent leur apprendre

3. Il n'aime pas penser à ce genre de choses.
Il n'aime pas y penser

4. Cette fille est tellement bavarde qu'elle téléphone à tous ses amis tous les soirs.
leur téléphone

5. Je ne m'attendais pas à cette proposition.
Je ne m'y attendais pas

6. Je pense à notre dispute.
J'y pense

1G Répondez aux questions suivantes en remplaçant les mots soulignés par un pronom. (Voir tableau 6.10.)

1. Les végétariens mangent-ils de la viande ? (non)

2. Dans un restaurant, prenez-vous de la soupe pour commencer ? (oui/je)

3. Est-ce que les bébés boivent beaucoup de lait ? (oui)

4. Quand vos parents font la cuisine, ajoutent-ils de l'ail aux plats qu'ils préparent ? (non)

5. Seras-tu content de partir en vacances ? (oui)

6. Avez-vous envie de lire plusieurs livres ? (non/je)

7. Crois-tu qu'elle a trop d'ennemis ? (oui)

8. As-tu besoin de ma voiture pour faire les courses ? (non)

9. Avez-vous envie de partir en vacances sans vos enfants ? (oui/nous)

10. Avez-vous visité beaucoup de musées à Paris ? (oui/je)

11. Est-ce que Proust est l'auteur de ce roman ? (oui)

12. Revient-il d'Afrique ? (oui)

13. Croyez-vous qu'un jour elle reviendra de Montréal ? (oui/je)

14. Est-elle satisfaite du résultat ? (non)

1H Complétez chaque phrase avec le pronom disjoint qui convient. (Voir tableau 6.11.)

1. L'ancien directeur ! On ne parle plus de _lui_.
2. Ce n'est pas _moi_ qui ai dit cela.
3. _Toi_, tu n'es jamais prêt à temps.
4. Selon Warren Beatty, Madonna est très égoïste. Elle ne pense qu'à _elle_.
5. _Vous_ seul pouvez faire ce genre de travail.
6. Cette maison est à _elle_ (Marie).
7. Nous nous adressons à _eux_ (frères Lambert).
8. Moi et _elle_, nous nous comprenons, n'est-ce pas ? (une copine)

9. Le soir, on rentre chez _soi_.

10. J'ai reçu un cadeau de/d' _eux_ (mes parents).

11. Il faut être indépendant dans la vie et tout faire _soi_-même.

12. Ni _lui_ ni _eux_ n'ont participé à ce concert. (Elton John/les Rolling Stones)

13. As-tu eu des nouvelles de/d' _elles_ ? (tes cousines)

1I On utilise la préposition *à* suivie d'un pronom disjoint pour bien préciser qui est le possesseur. Cette construction permet également de renforcer l'adjectif possessif. Ajoutez cette préposition et ce pronom pour clarifier ou pour renforcer les phrases suivantes.

1. C'est sa maison _à elle_. (her)

2. Il a acheté sa voiture _à lui_ (his own) parce que ses parents ne voulaient pas lui prêter la leur.

3. Mes parents _à moi_ sont très snobs.

4. Mon mariage _à moi_ n'a pas eu lieu dans une église.

5. Notre voyage _à nous_ s'est très bien passé.

6. Leurs nièces _à eux_ (their/masc.) sont actrices.

7. Tu achètes ton ordinateur _à toi_ ?

8. Vous avez votre vélo _à vous_ ?

1J Récrivez chaque phrase en remplaçant les mots soulignés par un pronom personnel.

1. La reine avait soixante ans quand je l'ai vue.
Elle

2. Est-ce que toi et ta sœur partez ce soir avec les autres invités ?
vous ... _eux_

3. Les deux élans se sont blessés en s'attaquant.
Ils

4. Le président de la compagnie s'est entretenu avec son avocat avant de répondre aux questions des journalistes.
_Il_ ... _lui_ ... _d'y répondre_

5. Elle écrit fidèlement à ses petites nièces.
leur

6. Marie et Paul sont arrivés très tard hier soir.
Ils

7. Sophie et Claire viendront demain.
Elles

1K Indiquez la fonction grammaticale du pronom souligné. (Voir tableau 6.3.)

Modèle : Elle a répondu au professeur.

→ *Elle = sujet*

1. Je les ai lus avant d'arriver. (les poèmes de Pablo Neruda)
_DO_

2. Nous l'avons achetée. (la robe rouge)
   DO

3. Mes parents étaient fâchés. Et les tiens ? Hélas, ils l'étaient aussi.

4. Est-ce que les jumeaux s'entendent bien ? S'écrivent-ils toujours ?

5. Je pense à lui.
   IDO

6. Vous parlez d'eux.
   IDO

7. Elle ne sortira jamais avec toi.

8. Vous, vous croyez que Dieu existe ?

9. C'est elle la victime.

10. Il faut s'habiller élégamment pour les entrevues.

11. Y a-t-il pensé ?
    S

12. « Les pompiers ont refusé d'éteindre l'incendie ! » s'exclama-t-elle.
    S

13. « Peut-être aura-t-elle la bonté de me répondre ? » demanda le juge sarcastiquement.
    S

1L Récrivez les phrases en remplaçant les mots soulignés par les pronoms qui conviennent et en mettant ceux-ci dans le bon ordre et à la bonne place dans la phrase. (Voir tableaux 6.14 et 6.15.)

1. On a trouvé la voiture dans le fossé le lendemain.
   On l'y a trouvé

2. Ils inscrivent leurs enfants dans les meilleures écoles.
   les y

3. J'ai parlé de mes problèmes au professeur.
   Je lui en ai

4. Elle donne souvent de l'argent aux pauvres.
   Elle leur en donne

5. Ils invitent parfois ma sœur à leur chalet.
   l'y invitent

6. Le garçon apporte de la soupe aux clients.
   leur en

7. Vous avez mis mes lettres dans la boîte ?
   les y

114   Chapitre 6

8. Donne ces jouets à ta sœur !
   les-lui

9. Expliquez la leçon aux étudiants.
   Expliquez-le-leur

10. Ne parle pas de cette affaire à ta mère.
    Ne lui en parle pas

11. N'envoyez pas ces paquets aux clients.
    Ne les leur envoyez pas

2. Traduction

2A Traduisez les phrases suivantes en français. (Voir tableau 6.16.)

1. Help me!
   Aide-moi

2. Please lend me your textbook. I have lost mine.
   Prête-moi   J'ai perdu le mien

3. Will you write to me while you are gone?

4. I used to talk to them every day but then we drifted apart.

5. Buy me two of them at the store.

6. She invited us to her party.

7. Say something to me! Your silence is unbearable.

8. He had them learn it by heart.

9. Did they answer you?

10. Do you think they are going to accompany her to Europe?

11. Children believe everything adults tell them.

12. Send him to pick them up.

13. She doesn't let them go out.

14. Never lend him your car. He doesn't know how to drive.

2B Traduisez les phrases suivantes en français.

1. Does she need her father's money? Yes! She needs it.

2. Take advantage of your freedom! Take advantage of it!

3. Does he have ambition? No, he doesn't have a lot.

4. Don't smoke so many cigars. Don't smoke so many.

5. Tell me about your trip. Tell me about it.

2C Traduisez les phrases suivantes en français.

1. Have a good time!

2. Let's not get up that early any more!

3. Let's meet at the Café Richard around 4 p.m.

4. They used to write many letters to each other.

5. We took a walk before dinner.

6. She hurried but still missed the bus.

7. Don't you love each other any more?

8. Sit down and be quiet!

2D Traduisez les phrases suivantes en français.

1. Ask him for the price.

2. I'm looking for my notebook.

3. Will you wait for her if she is late?

4. Listen to your mother. She knows best.

5. Here she comes!

6. There they are: the two most famous actors in Hollywood.

7. Several of them arrived late.

8. Many of them were no longer willing to continue the war.

9. A few of you will have to give up your privileges.

10. Sing it yourself!

11. Do it yourself! I have work to do. (vous)

12. I promise you that it's true.

2E S'il y a un pronom objet dans la phrase, il précède l'infinitif dont il est le complément. Traduisez les phrases suivantes en français.

1. I don't think he can do it.

2. I have to explain it to them.

3. You can't understand this?

4. He must have said it.

3. Expression écrite

3A Faites le résumé (entre 50 et 60 mots) de la critique du film *Bon Cop, Bad Cop*.

Expression écrite **117**

D'autres horizons...

Le genre policier est très populaire en France et au Québec. Parmi les écrivaines québécoises, nous vous proposons Chrystine Brouillet et sa série policière *Maud Graham*. Au moins un de ses romans (*Le collectionneur*, 1995) a été adapté à l'écran (en 2002 par le réalisateur Jean Beaudin).

CHAPITRE 7

Vocabulaire

Exercice 1 : Mots à compléter
Exercice 2 : Correspondances
Exercice 3 : Phrases à compléter
Exercice 4 : Phrases à composer

Lecture

Maigret et la vieille dame (extrait du roman de Georges Simenon)
avec questions de compréhension

Grammaire

1. Les pronoms démonstratifs
2. Distinction entre *c'est* et *il est*
3. Les pronoms possessifs
4. Les adjectifs et pronoms interrogatifs
5. Les pronoms relatifs
6. Traduction
7. Expression écrite

D'AUTRES HORIZONS...

Vocabulaire

Exercice 1 : Mots à compléter

Complétez les mots suivants à l'aide des lettres données. Les mots sont tirés du vocabulaire du chapitre 7.

1. Hier soir, vers 19h, une fillette de sept ans a été e _ l e _ é _. Les ravisseurs n'ont pas encore contacté la famille.

2. Ce jeune garçon a été arrêté pour v o _ à main armée. Il avait b _ q _ é la même banque à plusieurs reprises, mais cette fois-ci on l'a attrapé.

3. Quelques jours plus tard, dans son bureau du c o _ m _ s s _ r i _ t de police, le commissaire Maigret était toujours aussi perplexe quant à l'a _ s _ s s i n _ t de cette jeune fille.

4. On a trouvé le c _ d _ v r _ derrière un édifice abandonné. On ne connaît pas le m o _ _ _ e du crime, mais on pense que la mafia est impliquée.

5. Quand les inspecteurs sont arrivés sur la scène du crime, un corps g _ s _ _ t sur le sol, derrière un restaurant. On avait d _ s c _ n d _ un jeune homme de 30 ans en plein jour.

119

Exercice 2 : Correspondances

Reliez les mots de la colonne A à ceux de la colonne B pour former des expressions liées au travail d'un inspecteur de police. Les mots de la colonne B sont dans le désordre.

Colonne A
1. mener — b
2. chercher — e
3. parler — f
4. trouver — c
5. arrêter — a
6. résoudre — d

Colonne B
a) le ou les coupables
b) une enquête
c) le mobile du crime
d) un crime
e) des indices
f) aux témoins

Exercice 3 : Phrases à compléter

Complétez les phrases suivantes en utilisant le vocabulaire lié au crime.

1. C'est l'inspecteur de police qui _____.

2. Ce ne sont pas les témoins que _____.

3. C'est l'endroit où _____.

4. Ce sont les indices qui _____.

5. C'est bien l'arme du meurtre dont _____.

Exercice 4 : Phrases à composer

Choisissez quatre mots parmi les mots proposés ci-dessous et composez une phrase d'au moins huit mots avec chacun des mots choisis.

un cambrioleur   un meurtre   une agression
cambrioler   un meurtrier   agresser

Phrase 1 : _____

Phrase 2 : _____

Phrase 3 : _____

Phrase 4 : _____

Lecture

Lisez le texte ci-dessous puis répondez aux questions de compréhension. Cherchez le sens des mots en caractères gras dans un dictionnaire avant de commencer votre lecture.

Maigret et la vieille dame

Dans sa carrière, le commissaire Maigret avait fait plusieurs enquêtes sur **le littoral** et y avait connu de vrais drames. On était en septembre, le mercredi 6 septembre, et c'était encore une année où il n'avait pas eu le loisir d'aller en vacances. Vers onze heures, la veille, le vieil **huissier** était entré dans son bureau, au Quai des Orfèvres, et lui avait tendu une carte de visite bordée de noir.

— C'est moi qu'elle demande personnellement ?

— Elle insiste pour vous voir, ne fût-ce qu'un instant. Elle prétend qu'elle vient d'Étretat tout exprès.

— Comment est-elle ?

— C'est une vieille dame, une charmante vieille dame.

Il la fit entrer, et c'était, en effet, la plus délicieuse vieille dame qui se put imaginer, fine et menue, le visage rose et délicat sous des cheveux d'un blanc immaculé, si vive et si gracieuse qu'elle avait plutôt l'air d'une actrice jouant une vieille marquise que d'une vieille dame véritable.

— Vous ne me connaissez probablement pas, monsieur le commissaire, et j'en apprécie d'autant plus la faveur que vous me faites en me recevant car, moi, je vous connais pour avoir suivi pendant tant d'années vos passionnantes enquêtes. Si vous venez chez moi, comme je l'espère, je pourrai même vous montrer des quantités d'articles de journaux qui parlent de vous.

— Je vous remercie.

— Je m'appelle Valentine Besson, un nom qui ne vous dit sans doute rien, mais vous saurez qui je suis quand j'aurai ajouté que mon mari, Ferdinand Besson, était le créateur des produits « Juva ».

Maigret était assez âgé pour que ce mot « Juva » lui fût familier. Tout jeune, il l'avait vu dans les pages publicitaires des journaux et sur les panneaux-réclame, et il croyait se souvenir que sa mère se servait de crème « Juva » les jours où elle se mettait en grande toilette.

La vieille dame devant lui était habillée avec une élégance recherchée, un peu démodée, une profusion de bijoux.

— Depuis la mort de mon mari, voilà cinq ans, je vis seule dans une petite maison que je possède à Étretat. Plus exactement, jusqu'à dimanche soir j'y vivais seule avec une bonne, que j'avais à mon service depuis plusieurs années et qui était une fille du pays. Elle est morte pendant la nuit de dimanche à lundi, monsieur le commissaire ; elle est morte en quelque sorte à ma place, et c'est à cause de cela que je suis venue vous supplier de m'accorder votre aide.

Elle ne prenait pas un ton dramatique. D'un fin sourire, elle paraissait s'excuser de parler de choses tragiques.

— Je ne suis pas folle, ne craignez rien. Je ne suis même pas ce qu'on appelle une vieille **toquée**. Quand je dis que Rose — c'est le nom de ma bonne — est morte à ma place, je suis à peu près sûre de ne pas me tromper. Me permettez-vous de vous raconter la chose en quelques mots ?

— Je vous en prie.

— Depuis au moins vingt ans, j'ai l'habitude, chaque soir, de prendre un médicament pour m'endormir, car j'ai le sommeil difficile. C'est un somnifère liquide, assez **amer**, dont l'**amertume** est compensée par un fort goût d'anis. J'en parle en connaissance de cause, car mon mari était pharmacien.

— Dimanche, comme les autres soirs, j'ai préparé mon verre de médicament avant de me coucher et Rose était près de moi lorsque, déjà au lit, j'ai voulu le prendre. J'en ai bu une **gorgée** et lui ai trouvé un goût plus amer que d'ordinaire.

— J'ai dû en mettre plus de douze gouttes, Rose. Je n'en boirai pas davantage.

— Bonne nuit, madame !

— Elle a emporté le verre, selon son habitude. A-t-elle eu la curiosité d'y goûter ? L'a-t-elle vidé en entier ? C'est probable, puisqu'on a retrouvé le verre vide dans sa chambre.

Pendant la nuit, vers deux heures du matin, j'ai été éveillée par des gémissements, car la villa n'est pas grande. Je me suis levée et ai trouvé ma fille, qui s'était levée aussi.

— Je croyais que vous viviez seule avec la bonne.

— Dimanche était le jour de mon anniversaire, le 3 septembre, et ma fille, venue de Paris pour me voir, est restée coucher chez moi.

— Je ne veux pas abuser de votre temps, monsieur le commissaire. Nous avons trouvé la Rose mourante dans son lit. Ma fille a couru avertir le docteur Jolly et, quand celui-ci est arrivé, Rose était morte dans des convulsions caractéristiques.

— Le médecin n'a pas hésité à déclarer qu'elle avait été empoisonnée à l'arsenic.

— Comme ce n'était pas une fille à se suicider, comme elle a mangé exactement la même chose que nous, il est à peu près évident que le poison se trouvait dans le médicament qui m'était destiné.

— Soupçonnez-vous quelqu'un d'avoir tenté de vous tuer ?

— Comment voulez-vous que je soupçonne quelqu'un ? Le docteur Jolly, qui est un vieil ami, et qui a soigné autrefois mon mari, a téléphoné à la police du Havre, et un inspecteur est venu dès lundi matin.

— Vous connaissez son nom ?

— L'inspecteur Casgrain. Un brun, au visage sanguin.

— Je sais. Qu'est-ce qu'il a dit ?

— Il ne dit rien. Il questionne les gens dans le pays. On a emporté le corps au Havre pour l'autopsie.

La sonnerie du téléphone l'interrompit. Maigret décrocha. C'était le directeur de la Police Judiciaire.

— Vous pouvez venir me parler un instant dans mon bureau, Maigret ?

— Tout de suite ?

— Si possible.

Il s'était excusé auprès de la vieille dame. Le chef l'attendait.

— Cela vous tenterait d'aller passer quelques jours à la mer ?

Pourquoi Maigret lança-t-il à tout hasard :

— À Étretat ?

— Vous êtes au courant ?

— Je ne sais pas. Dites toujours.

— Je viens de recevoir un coup de téléphone du cabinet du ministre. Vous connaissez Charles Besson ?

— Des crèmes « Juva » aussi ?

— Pas exactement. C'est son fils. Charles Besson, qui habite Fécamp, a été élu, il y a deux ans, député de la Seine-Inférieure.

— Et sa mère vit à Étretat ?

— Pas sa mère, mais sa belle-mère, car elle est la seconde femme de son père. Ce que je vous en dis, remarquez-le, je viens de l'apprendre par téléphone. Charles Besson s'est en effet adressé au ministre afin d'obtenir que, bien que ce ne soit pas dans vos attributions, vous acceptiez de vous occuper d'une affaire à Étretat.

— La servante de sa belle-mère a été empoisonnée dans la nuit de dimanche à lundi.

— Vous lisez les journaux normands ?

— Non. La vieille dame est dans mon bureau.
— Pour vous demander, elle aussi, de vous rendre à Étretat ?
— Exactement. Elle a fait le voyage tout exprès, ce qui donnerait à penser qu'elle ne connaissait pas la **démarche** de son beau-fils.
— Qu'avez-vous décidé ?
— Cela dépend de vous, patron.

Voilà pourquoi, le mercredi, un peu après huit heures et demie du matin, Maigret montait enfin dans un petit train qu'il était difficile de prendre au sérieux et se penchait à la portière afin d'apercevoir plus vite la mer.

Tiré de *Maigret et la vieille dame*, (1950) © 2006 Georges Simenon Limited. A Chorion company, all rights reserved.

Compréhension globale

Encerclez la réponse qui convient le mieux.

1. Dans cette introduction, on apprend…
   a) que la vieille dame a tué sa bonne.
   b) que Rose, la bonne, s'est suicidée.
   c) que le commissaire Maigret ne veut pas s'occuper de l'affaire.
   d) qu'un crime a peut-être été commis.

2. Maigret trouve la vieille dame…
   a) impolie et désagréable.
   b) charmante et courtoise.
   c) belle et brillante.
   d) timide et méfiante.

3. La vieille dame veut que Maigret s'occupe de l'affaire…
   a) parce que celui-ci connaît bien Étretat.
   b) parce qu'elle n'aime pas l'inspecteur Casgrain.
   c) parce que Maigret est un inspecteur célèbre.
   d) parce que son beau-fils veut la même chose.

4. La vieille dame…
   a) pense que quelqu'un voulait la tuer.
   b) soupçonne sa fille d'avoir tué la bonne.
   c) est une ancienne actrice de théâtre.
   d) vivait seule, sans compagnie.

Compréhension détaillée

1. Est-ce que la vieille dame et son beau-fils se sont consultés pour demander l'aide de l'inspecteur Maigret ? Comment s'y prennent-ils pour obtenir son aide ?
2. Qui est Valentine Besson ? Qu'apprend-on sur cette femme dans cette première partie ?

3. Pourquoi la vieille dame dit-elle que sa bonne est morte à sa place ? A-t-elle des preuves concrètes ?

4. Qu'est-ce qui vous paraît suspect dans ce récit ?

Réflexion

Imaginez les questions que l'inspecteur Maigret pourrait poser une fois rendu à Étretat. À qui voudra-t-il parler ? Qu'est-ce qu'il va leur demander ?

Grammaire

Que sais-je ?

Indiquez la bonne réponse et expliquez votre choix.

1. Dans la phrase « Quels indices l'inspecteur de police a-t-il découverts ? », le mot *quels* est...
   ____ a) un pronom interrogatif.
   ____ b) un pronom relatif.
   ✓ c) un adjectif interrogatif.

2. Dans la phrase « Qui a commis ce cambriolage ? », le mot *qui* est...
   ✓ a) un pronom interrogatif.
   ____ b) un pronom relatif.
   ____ c) un adjectif interrogatif.

3. Une phrase interrogative permet de...
   ✓ a) poser une question.
   ____ b) répondre à une question.
   ____ c) donner un choix de réponses.

4. Dans la phrase « Qui est la dame qui parlait au commissaire ? », il y a...
   ____ a) un adjectif interrogatif et un pronom relatif.
   ____ b) un pronom et un adjectif interrogatifs.
   ✓ c) un pronom interrogatif et un pronom relatif.

5. Dans la phrase « L'inspecteur enjamba le corps qui gisait sur le sol. », le pronom relatif *qui* remplace...
   ____ a) *l'inspecteur*.
   ✓ b) *le corps*.
   ____ c) *le sol*.

6. Dans la phrase « J'ai juste eu le temps de prendre le revolver que je laisse habituellement sur la table de nuit. », l'antécédent du pronom relatif *que* est...
   ____ a) *le temps*.
   ____ b) *la table de nuit*.
   ✓ c) *le revolver*.

1. Les pronoms démonstratifs

1A Donnez le pronom démonstratif qui convient. Rappelez-vous qu'il peut marquer une opposition entre deux choses ou la possession. (Voir tableau 7.1)

1. J'adore cette chanteuse-ci et **celle**-là.
2. Marie aime ce vin-ci et **celui**-là.
3. Je ne peux pas décider entre ces fleurs-ci et **celles**-là.
4. Elle lit ces livres-ci et lui, **ceux**-là.
5. Cette étudiante-ci est bavarde, **celle**-là l'est moins.
6. J'ai lavé les vêtements de Charles et **ceux** de Daniel.
7. Est-ce qu'on prend ta voiture ou **celle** de tes parents ?
8. Nous discutons des avantages d'acheter une maison à **ceux** de louer un appartement.
9. Je n'avais qu'un choix : **celui** de m'en aller.
10. À qui est cette écharpe ? C'est **celle** de la petite fille qui vient de partir.

1B Le pronom démonstratif variable peut être aussi suivi d'une proposition relative. Mettez la forme correcte du pronom démonstratif.

1. Cette crème glacée est délicieuse, **celle** que nous avons mangée l'autre jour était moins bonne.
2. Le film que j'ai décidé d'aller voir était intéressant. **Celui** que tu m'avais recommandé était trop violent.
3. Cette note de service ? C'est **celle** dont je vous avais parlé.
4. Ces romans sont meilleurs que **ceux** que j'ai dû lire à l'école secondaire.

1C La particule suffixe *-ci* s'emploie pour se rapporter à ce qui est proche dans l'espace du sujet parlant ou à ce qui est proche dans le temps ; la particule suffixe *-là* désigne ce qui est loin dans l'espace du sujet parlant, ce qui s'est déjà passé ou ce qui est à venir. Ajoutez la particule qui convient.

1. Je voudrais acheter une nouvelle voiture ; celle-**ci** est trop vieille.
2. À cette époque-**là**, elle était enceinte de son troisième enfant.
3. Nous avons déjà lu ce poème-**là** ; alors lisons celui-**ci**.
4. Ce mois-**ci**, j'ai trop de travail pour pouvoir sortir.
5. À ce moment-**là**, la France était encore en guerre.

2. Distinction entre *c'est* et *il est*

2A Complétez les phrases suivantes en choisissant *c'est* ou *il est*. (Voir tableau 7.2.)

1. **C'est** le 21 juillet.
2. **C'est** toi ? Oui, **c'est** moi.
3. **Il est** dix heures du matin.
4. Qu'est-ce que **c'est** ? **C'est** un téléphone cellulaire. **Il est** chouette, non ?

5. _Il_ est péruvien.
6. _Il est_ musulman.
7. _C'est_ un vieil homme charmant.
8. Ça, _c'est_ évident.
9. Alors, ce rapport, _il est_ prêt ?
10. Je ne sais pas si _c'est_ vrai.

3. Les pronoms possessifs

3A Mettez la bonne forme du pronom possessif. N'oubliez pas de faire des contractions si l'article défini est précédé des prépositions à ou de. (Voir tableau 7.3.)

1. Je pense à mon petit ami et tu penses _au tien_. (about yours)
2. Mes enfants et _les siens_ (hers) vont à la même école.
3. Mon chien et _le leur_ (theirs) sont malades.
4. Elle parle de son père et lui _du sien_ (about his).
5. Mes bottes sont mouillées, et _les vôtres_ (yours/formal) ?
6. Je vais réfléchir à mes problèmes et toi _aux tiens_ (about yours).
7. Mes filles sont avocates et _les leurs_ (theirs) sont institutrices.
8. Marie écrit souvent à ses parents, mais Éric n'écrit jamais _aux siens_ (to his).

4. Les adjectifs et pronoms interrogatifs

4A L'adjectif interrogatif s'accorde en genre et en nombre avec le nom auquel il se rapporte, même s'il est séparé du nom par le verbe être. Les formes de l'adjectif interrogatif sont aussi utilisées comme adjectifs exclamatifs. Mettez la bonne forme de l'adjectif. (Voir tableau 7.4.)

1. _Quelle_ est la date d'aujourd'hui ?
2. _Quelle_ heure est-il ?
3. _Quel_ chapeau a-t-il porté hier ?
4. _Quels_ livres devez-vous lire en fin de semaine ?
5. _Quelles_ preuves avez-vous ?
6. _Quelle_ est son arme préférée ?
7. _Quelle_ est sa préférence dans cette situation ?
8. _Quels_ cours préfères-tu cette année ?
9. _Quelle_ voiture avez-vous l'intention d'acheter ?
10. _Quel_ logiciel vas-tu acheter pour ton ordinateur ?
11. _Quelles_ nouvelles merveilleuses !
12. _Quel_ crime brutal !
13. _Quelle_ est la différence entre un cambrioleur et un braqueur ?
14. _Quels_ remèdes y a-t-il contre le rhume ?

4B Le participe passé s'accorde en genre et en nombre avec un complément d'objet direct qui le précède. Faites les accords suivants.

1. Quels livres est-ce que Hitler a brûlé **s** ?
2. Quels souliers as-tu choisi **s** ?
3. Quelle robe a-t-elle réparé **e** ?
4. Quelles plantes ont été détruit **es** pendant l'orage ?
5. Quels indices ont été relevé **s** par Maigret ?

4C L'adjectif interrogatif peut être précédé d'une préposition. Complétez chaque phrase avec la préposition appropriée.

1. **À** quelle heure doit-elle partir ?
2. **De** quel droit as-tu fait cela ?
3. **Avec** quelle clef dois-je ouvrir la porte ?
4. **Par** quel bout faut-il le prendre ?
5. **De** quels documents parlez-vous ?

4D Complétez chaque phrase avec la forme appropriée du singulier du pronom interrogatif variable. Attention aux formes contractées ! (Voir tableaux 7.5 et 7.6.)

1. **Lequel** de vos enfants est le moins difficile ?
2. Voici les deux chandails que je ne porte plus ; **lequel** veux-tu ?
3. **Lequel** de ces produits vient d'Amérique du Sud ?
4. Voilà trois chemises ; **laquelle** préférez-vous ?
5. De tous les amis que tu as en Europe, **auquel** écris-tu le plus souvent ?
6. Vous avez deux sœurs ; **à laquelle** ne téléphonez-vous que rarement ?
7. Parmi tous les médicaments que le docteur peut nous donner, **duquel** a-t-on le plus besoin ?
8. **À laquelle** de ces histoires fait-il allusion ?
9. Je vous ai donné une liste de possibilités ; **à laquelle** songez-vous ?
10. Il y a trois magasins dans le coin qui vendent ce qu'elle cherchait ; **auquel** est-elle allée ?

4E Complétez chaque phrase avec la forme longue du pronom interrogatif invariable. (Voir tableaux 7.7 et 7.8.)

1. **Qu'est-ce que** vous mangez ?
2. **"   "** vous faites ce soir pour vous amuser ?
3. **"   "** vous prenez dans votre valise ?
4. **"   "** vous pensez de mon idée ?
5. **Qu'est-ce qui** a tondu le gazon cet après-midi ?
6. **"   "** va vider la poubelle pour moi ?
7. **"   "** a nettoyé la cuisine et le salon ?
8. **"   "** choisira les meubles ?
9. **À quoi est-ce que** vous pensez ? Vous avez l'air sérieux.
10. **"   qui** il fait allusion en faisant cette remarque ?

11. De quoi est-ce que _____ vous avez besoin en ce moment ?
12. Qu'est-ce qu' _____ elle a envie d'acheter ?
13. _____ elle a l'intention de faire ?
14. Qu'est-ce que _____ vous avez emporté avec vous ?
15. Qui est-ce que _____ vous avez rencontré aujourd'hui ?
16. _____ vous voulez interroger maintenant ?

4F Complétez chaque phrase avec la forme courte du pronom interrogatif invariable.

1. Que _____ dites-vous ?
2. Qui _____ as-tu croisé dans la rue ? (personne)
3. À quoi _____ pensait-elle ? (chose)
4. Qui _____ aimez-vous ? (personne)
5. Qu' _____ aimez-vous ? (chose)
6. Avec quoi _____ mange-t-on ces nouilles ? (chose)
7. Avec qui _____ est-il allé au concert ?
8. Qui _____ va jouer au foot ce soir ?
9. À qui _____ devez-vous écrire ?

5. Les pronoms relatifs

5A L'antécédent des pronoms relatifs *qui*, *que* et *dont* peut être une personne ou une chose. Choisissez le pronom relatif approprié. (Voir tableau 7.10.)

1. La femme que _____ vous avez vue est ma sœur.
2. Le livre dont _____ vous avez besoin appartient à mon professeur.
3. Le film que _____ nous avons vu a été tourné en 1985.
4. C'est Lisa qui _____ m'a tout raconté.
5. J'ai lu un article qui _____ m'a beaucoup aidé à comprendre la nouvelle politique du gouvernement.
6. Le monsieur dont _____ j'ai déjà oublié le nom est parti il y a cinq minutes.

5B Le pronom relatif peut être l'objet d'une préposition (*à/de*) ou d'une locution prépositive en *de*. Complétez les phrases suivantes. Attention aux formes contractées ! (Voir tableau 7.10.)

1. L'homme à qui _____ on a donné le prix n'est pas bien connu.
2. Ce à quoi _____ nous faisons allusion, c'est l'histoire de Marilyn Monroe.
3. Les étudiants auxquels _____ le professeur a écrit risquent de rater l'examen final.
4. Voilà une complication à laquelle _____ on n'avait pas pensé.
5. Elle habite un château à l'intérieur duquel _____ se trouvent des œuvres d'art magnifiques.
6. Ne pas nous engager avec cette personne est exactement ce à quoi _____ nous pensions.
7. Ce n'est pas une personne à qui _____ j'ai beaucoup parlé dans le passé.

8. La rivière au bord de _laquelle_ nous allons passer nos vacances se trouve en Bretagne.
9. Le bâtiment en face _duquel_ j'habite est vide actuellement.
10. Les problèmes _auxquels_ vous faites référence me semblent insolubles.

5C Le pronom relatif peut être l'objet d'une préposition autre que *à* ou *de*. Mettez la bonne forme du pronom. Attention aux formes contractées ! (Voir tableau 7.10.)

1. À Londres, j'avais des amis parmi _lesquels_ il y avait beaucoup de Français.
2. Il a épousé une jeune femme avec _laquelle / qui_ il avait voyagé en Asie.
3. Je ne connais pas le nom du magasin dans _lequel_ elle a acheté ce cadeau.
4. Les arbres sous _lesquels_ nous nous sommes reposés étaient des chênes.
5. Ma mère a une belle maison derrière _laquelle_ elle fait pousser des pommiers.
6. Elle a travaillé dans une maison d'édition en 1995, une année durant _laquelle_ elle était très heureuse. or qui
7. C'est une personne pour _laquelle_ je ferais n'importe quoi.
8. C'est la route sur _laquelle_ nous avons marché pendant des heures parce que notre voiture était tombée en panne ce jour-là.
9. Voilà un mur contre _lequel_ on peut installer cette table pliante.
10. C'est la vraie raison pour _laquelle_ je ne suis pas venu.

5D Analyse grammaticale : donnez la fonction de chaque pronom relatif et soulignez son antécédent. (Voir tableaux 7.11 et 7.12.)

1. Voilà une <u>voiture</u> **qui** me plaît.
   S

2. C'est un <u>film</u> **que** j'ai déjà vu deux fois.
   DO

3. C'était l'<u>année</u> **où** il a beaucoup neigé à Vancouver.

4. Le <u>livre</u> **dont** vous avez besoin ne se vend pas dans cette librairie.
   IO

5. C'est une <u>politique</u> contre **laquelle** il faut lutter.

6. C'est un <u>homme</u> pour **qui** les valeurs traditionnelles ne comptent pas.

7. On ne sait pas à **qui** appartiennent tous ces trésors.
   N/A

8. C'est <u>lui</u> **qui** s'est vanté dans cette affaire.
   S

9. Quel est le nom de la ville **où** vous êtes née ?

10. C'est la porte par **où** il est sorti.

11. **Ce qui** m'agace, c'est ton attitude de supériorité.

12. Je me demande **ce qu'**elle a dit au juge.

13. **Ce dont** j'ai envie, c'est d'un mois de repos.

5E Choisissez entre *qui* et *ce qui*.
1. Ma mère a joué un rôle-clé dans ma vie, **ce qui** est normal.
2. **Ce qui** m'inquiète, ce sont tes problèmes financiers.
3. Je connais un conseiller **qui** pourra t'aider.
4. J'admire les gens **qui** s'expriment bien en français.
5. Elle a encore gagné le tournoi de tennis, **ce qui** n'a étonné personne.

5F Choisissez entre *que* et *ce que/ce qu'*.
1. Mon secrétaire n'a pas fait **ce que** je lui avais demandé.
2. Dites-moi **ce que** vous en pensez.
3. Ils savaient **ce qu'** il fallait faire pour y arriver.
4. J'ai un logiciel très utile **que** je te prêterai pour que tu puisses l'essayer.
5. J'ai une robe très chic **que** tu pourras porter au bal.

5G Choisissez entre *dont* et *ce dont*.
1. Vous n'avez pas compris **ce dont** il est question.
2. Quel est le nom de l'actrice **dont** la fille vient de se marier avec le fils du premier ministre ?
3. Voilà un chien **dont** j'ai très peur.
4. **Ce dont** je suis certain, c'est que je n'aurai pas assez d'argent pour vivre si on me renvoie.
5. Explique-moi **ce dont** tu te plains.

5H Choisissez entre *de qui* et *duquel*. Attention ! Parfois les deux formes sont possibles. (Voir tableau 7.14.)
1. C'est le quai le long **duquel** nous nous sommes promenés.
2. C'est le monsieur près **de qui** nous habitons.
3. Voici le bâtiment à côté **duquel** la bombe a explosé.
4. Voilà le journaliste à côté **de qui** vous étiez assis pendant le repas.
5. C'est le manuel au début **duquel** se trouve tous les verbes irréguliers.

5I Complétez les phrases suivantes. (Voir tableau 7.14.)

1. Ce à quoi je rêve, _____.
2. Ce contre quoi je me révolte, _____.
3. Ce avec quoi je suis d'accord, _____.

5J Choisissez entre *qui*, *lequel* et *laquelle*. Attention ! Parfois deux réponses sont possibles. (Voir tableau 7.12.)

1. C'est le commerçant pour __qui__ j'ai travaillé pendant deux ans.
2. C'est l'amie avec __qui__ j'ai fait un très beau voyage en Chine.
3. C'est une provocation à __laquelle__ il ne faut pas répondre.
4. Je veux vous présenter une fille avec __qui__ j'ai fait mes études.
5. C'est un collègue avec __qui__ je ne m'entends pas du tout.

5K Choisissez entre *ce qui*, *ce que* (*ce qu'*) et *ce dont*. (Voir tableaux 7.13 et 7.14.)

1. Voilà __ce dont__ vous avez besoin.
2. __Ce qu'__ elle voulait exactement n'était pas clair.
3. Sais-tu __ce que__ j'en pense ?
4. __Ce qui__ me fait pleurer, c'est la musique baroque.
5. __Ce dont__ il est fier, c'est de son intelligence.

6. Traduction

6A On emploie l'adjectif interrogatif pour poser une question au sujet d'une personne ou d'une chose. La question peut être une demande de choix, d'identification ou d'information. Traduisez les phrases suivantes en français. (Voir tableau 7.9.)

1. Which expression don't you understand?
   Quel expression ne comprends-tu pas
2. What is the quickest way to go to Edmonton?
   Quelle est la route
3. What explanation did he give for his strange behaviour?
   Quelle explication
4. Which computer did they finally choose?
   Quel ordinateur
5. What was the price of the most expensive painting at the auction?
   Quel était le prix

6B On emploie le pronom interrogatif variable pour proposer le choix d'une chose parmi plusieurs du même type. Ce groupe peut être mentionné dans la proposition même, ou dans la phrase ou l'élément de phrase qui précède. Traduisez les phrases suivantes en français. (Voir tableau 7.9.)

1. Here are all my notes. Which ones do you need?
   Voici toutes mes notes. Desquelles as-tu besoin
2. Which of the two coats will you buy?
   Lequel des deux manteaux achèteras-tu

3. Of all the poems we read today, which one do you like best?

De tous les poèmes que nous avons lus, lequel préfères-tu

4. Which car will we take to go to Regina next week?

Quelle voiture

5. I have two options. Which one are you referring to?

J'ai deux options. À laquelle fais-tu allusion?

6C On emploie le pronom interrogatif invariable pour poser une question sur une personne ou une chose inconnue. Traduisez les phrases suivantes en français.

1. Who won the Stanley Cup in 1975?

Qui a gagné

2. Who is going to represent us at the Olympics?

Qui vas

3. What was the result of all those negotiations?

Quel était le résultat

4. What did you mean?

Que voulais-tu dire

6D Traduisez les phrases suivantes en français.

1. She lent me everything I needed.

Elle m'a prêté tout ce dont j'avais besoin

2. All I want is that you be happy.

Tout ce que je veux c'est que tu sois heureux

3. The day he was born, there was an earthquake.

Le jour où il était né, il y a eu

4. The children she played with were poor.

Les enfants avec qui elle jouait

5. The rumour that I heard proved to be false.

Le bruit que j'ai entendu était faux

6. I don't know the day when the wedding will take place.

Je ne sais pas le jour où le mariage aura lieu

7. That was the week my wallet was stolen.

C'était la semaine où

8. That was the week it rained everyday.

C'était la semaine où il a plu tous les jours

6E Traduisez les phrases suivantes en français en employant le pronom relatif *où*. (Voir tableau 7.11.)

1. That was the year his father died.

C'était l'année où son père est mort

2. That was the week they separated.

C'était la semaine où ils se sont séparés

3. That's the restaurant where I saw her for the first time.

   C'est le restaurant où je l'ai vue.

4. That was the day her second child was born.

   C'était le jour où

7. Expression écrite

7A Choisissez l'une des trois propositions ci-dessous et dressez une liste de cinq arguments « pour » et cinq arguments « contre » cette proposition.

- Tout citoyen devrait avoir le droit d'acquérir des armes à feu.
- Les médecins devraient avoir le droit d'apporter leur aide aux grands malades voulant se suicider.
- Les tribunaux devraient imposer la peine de mort à tout criminel reconnu coupable d'avoir assassiné quelqu'un.

Arguments « pour » :

1. _____
2. _____
3. _____
4. _____
5. _____

Arguments « contre » :

1. _____
2. _____
3. _____
4. _____
5. _____

7B En vous servant de la proposition que vous avez choisie dans l'exercice 7A, écrivez l'introduction d'un devoir dans lequel vous traitez de cette proposition.

_____
_____
_____
_____
_____
_____

D'autres horizons...

Georges Simenon est né à Liège (Belgique) le 12 février 1903 et il est mort à Lausanne (Suisse) le 4 septembre 1989. D'abord journaliste, auteur, sous différents pseudonymes, de romans populaires, il créa en 1931 le personnage du commissaire Maigret, qui le rendit universellement célèbre. Il publia sous son nom plus de 200 romans, 155 nouvelles et 25 textes autobiographiques. Outre les deux romans mentionnés dans le manuel (*Le chien jaune* et *Maigret se fâche*), nous vous proposons aussi la lecture de *Maigret voyage* et de *Maigret et la grande perche*.

CHAPITRE 8

Vocabulaire

Exercice 1 : Mots à compléter
Exercice 2 : Mots familiers
Exercice 3 : Correspondances
Exercice 4 : Phrases à composer

Lecture

Le parent menteur (extrait de livre) avec questions de compréhension

Grammaire

1. Le futur simple et le futur antérieur
2. Le conditionnel présent et passé
3. Les phrases hypothétiques
4. Traduction
5. Expression écrite

D'autres horizons...

Vocabulaire

Exercice 1 : Mots à compléter

Complétez les mots suivants à l'aide des lettres données. Les mots sont tirés du vocabulaire du chapitre 8.

1. Ce qui angoisse le plus les jeunes, aujourd'hui, c'est le ch**oma**ge et la pr**écarit**é.
2. On dit que la génération des baby boomers avait des m**oeur**s bien différentes de celles de leurs parents.
3. Dans les années 90, le phénomène des études à r**allonge** a pris beaucoup d'ampleur en France.
4. On pense généralement qu'un jeune de 25 ans devrait être capable de se déb**rouille**r tout seul, sans l'aide de ses parents.
5. Gilles et sa copine vont bientôt s'**installer** dans un appartement loin du village de leurs parents.
6. Dans les années 60 et 70, les jeunes dé**crochaient** plus facilement et plus rapidement un emploi qu'aujourd'hui.
7. Le re**tour** au foyer p**arental** n'est pas marqué d'un c**onfli**t entre les générations.
8. On ne veut pas quitter la maison si on a les poches v**ide**s.

Exercice 2 : Mots familiers

Trouvez l'équivalent en français standard des mots ou expressions familières soulignés. Faites attention de bien conjuguer le verbe dans chaque phrase.

1. Xavier a plaqué Valérie sans même lui donner une explication. (plaquer)
   a laissé tomber

2. Quand Jeanne et Florence ont eu 18 ans, elles ont claqué la porte. (claquer la porte)
   ont quitté la maison

3. Cela les énerve que leurs enfants soient toujours scotchés chez eux. (être scotché)
   habitent toujours

4. Cet enfant emmerde ses parents constamment. (emmerder)
   embête

5. Jacques en a marre de toujours entendre ses parents se disputer. (en avoir marre)
   en a assez

Exercice 3 : Correspondances

Voici huit expressions idiomatiques formées avec le mot « yeux ». Trouvez la définition qui convient à chacune. Consultez un dictionnaire unilingue au besoin.

Expressions idiomatiques

1. Il ne me resterait que les yeux pour pleurer. — f
2. Cela va te coûter les yeux de la tête. — c
3. Elle ne peut pas en croire ses yeux. — a
4. Ce matin, le directeur n'a pas les yeux en face des trous. — h
5. Loin des yeux, loin du cœur. — g
6. J'irai là-bas les yeux fermés. — b
7. Tu lui fais toujours les gros yeux. — e
8. Voyons, cela saute aux yeux. — d

Définitions

a) quand on s'étonne de ce qu'on voit

b) quand on sait exactement où on va

c) quand il faudra payer cher pour quelque chose

d) quand une chose est évidente

e) quand on regarde quelqu'un d'un air mécontent et sévère

f) quand on n'a plus rien, quand on a tout perdu

g) quand les personnes absentes sont vite oubliées

h) quand on n'a pas une vision nette à cause de la fatigue

Exercice 4 : Phrases à composer

Complétez chacune des phrases de manière à expliquer ou définir les mots présentés.

1. La génération boomerang _____

2. _____ se débrouille _____

3. Aujourd'hui, on se case _____

4. Un enfant chouchouté _____

Lecture

Lisez le texte ci-dessous puis répondez aux questions de compréhension. Cherchez le sens des mots en caractères gras dans un dictionnaire.

Le parent menteur

Le mensonge chez le parent est si fréquent et si répandu qu'on peut à peine y voir une manifestation pathologique. Le parent ment quasi instinctivement, souvent sans même s'en rendre compte, et généralement sans éprouver la moindre **culpabilité**. Il ment aussi bien à propos de futilités qu'à propos des sujets les plus graves. Nous serions même tentés de dire que lorsqu'il s'agit de sujets vraiment importants, il ment quasi systématiquement. Cela va de la simple **fabulation ludique** jusqu'à la volonté délibérée d'**induire l'enfant en erreur**, soit pour cacher une faute, soit pour **se soustraire** à une réalité trop lourde.

Le parent peut se sentir poussé à fabuler pour toutes sortes de raisons, parfois assez innocentes, telles que : améliorer son standing aux yeux de son enfant, se consoler de la perte des illusions qu'il s'était faites sur son propre compte, embellir par l'imagination un monde réel dont il n'est pas assez mûr pour apprécier les charmes, etc. Nous pensons que ces mensonges ne sont pas très graves, que le parent lui-même n'en est pas vraiment **dupe** et que, généralement, il vaut mieux dans ces cas éviter de le confondre ou de le réprimander.

Certains parents inventent des petits contes, parfois assez poétiques, à propos du Père Noël, de Saint Nicolas, de petites souris collectionneuses de dents de lait et d'autres personnages imaginaires. C'est charmant, sans malice et généralement tout le monde y trouve son plaisir. Par contre, nous considérons avec beaucoup moins d'indulgence les parents qui mentent parce qu'ils n'ont pas le courage de leurs opinions et qui chargent le Père Noël ou d'autres personnages imaginaires de récompenser ou de punir à leur place. Un enfant **soucieux** de donner une solide structure psychique à son parent ne peut pas laisser passer ce genre de **dérobade**.

Certains mensonges équivalent à de véritables falsifications introduites dans l'histoire de la famille, soit pour cacher ce que le parent considère comme une faiblesse ou une faute, soit pour embellir une réalité banale. Dans certains cas, il s'agit même d'une tentative désespérée de réparer une falsification antérieure dont le parent a lui-même été victime, par une nouvelle falsification, naïvement destinée à réparer les effets de la première. Ces mensonges sont motivés par l'espoir **fallacieux** qu'il suffit de remanier le récit des événements pour en conjurer les conséquences. Nous pensons que, dans ces cas, l'enfant doit se montrer affectueux, mais ferme. En aucun cas, il ne peut permettre — s'il a le moyen de l'empêcher — que l'on introduise une rupture dans la logique de l'histoire familiale.

Nous disions donc que les mensonges des parents étaient souvent motivés par les meilleurs sentiments et une réelle bonne volonté. Ils essaient d'embellir l'image du monde qu'ils présentent à leur enfant en fonction de leurs propres idéaux primitifs. Dans leur univers de contes de fées, la maturation solitaire d'un bébé dans un chou ou le voyage périlleux dans les airs sous la responsabilité d'une cigogne nullement formée à cette tâche leur apparaît comme une image beaucoup plus séduisante et rassurante que la rencontre physique et affective d'un homme et d'une femme avec toute la passion, le plaisir, la tendresse et le reste que cela comporte.

Le parent ne connaît pas le poids de la vérité. C'est ainsi qu'il est parfois amené à dire la vérité uniquement parce qu'il estime que c'est de bonne politique. Une petite fille a essayé de sensibiliser ses parents à l'idée du respect fondamental dû à la vérité en ayant recours à un moyen particulièrement spirituel. Ses parents, tous deux psychanalystes possédant une solide formation scientifique, ont décidé de tout expliquer à leur fille sur la conception, la gestation, la naissance, dès qu'une occasion se présenterait. Vers l'âge de 5 ans, la fillette eut donc droit à un cours intelligent, clair et bien fait sur la question. Du moins les parents en étaient convaincus. Un peu troublée par le décalage affectif qu'elle perçut dans le récit, la petite fille décida de mettre toute l'affaire de côté jusqu'à plus ample information. Un jour, en rentrant de l'école, elle fit venir ses parents pour les **tancer vertement** d'avoir cru bon de lui raconter toute une salade à propos de petites graines et de positions corporelles farfelues alors que la maîtresse venait de lui expliquer le processus dans toute sa simplicité : un **chou** dans un jardin qu'il suffit d'ouvrir au bon moment…

Pour conclure, citons un dicton bien connu : « La vérité sort de la bouche des enfants. » Cela montre bien tout l'espoir que les parents mettent en l'enfant pour les aider à émerger de leur univers de fantasmes, de contes et de mensonges et à reprendre contact avec la terre ferme de la réalité. Il ne faut pas les décevoir.

Tiré du *Manuel à l'usage des enfants qui ont des parents difficiles* de Jeanne Van den Brouck, © Éditions du Seuil, 1992, col. *Points*, 2006.

Compréhension globale

Dites si les affirmations suivantes sont vraies (V) ou fausses (F).

1. Selon l'auteure, la plupart des mensonges que racontent les parents ne sont pas très graves. ___
2. On dit que les parents mentent très rarement. ___
3. Il est acceptable pour un parent de charger le Père Noël de récompenser un enfant à sa place. ___
4. L'enfant qui a des parents qui mentent dans le but d'embellir la réalité doit être affectueux et calme. ___
5. Dans certains cas, comme celui de l'explication de la conception et de la naissance, il vaut mieux qu'un parent raconte un mensonge. ___

Compréhension détaillée

1. Quelle est l'opinion de l'auteure sur le mensonge chez les parents ?
___
___

2. Quels adverbes utilise-t-elle pour décrire le mensonge chez les parents ?

3. Pour quelles raisons les parents mentent-ils ?

4. Relevez les phrases où l'auteure donne des conseils explicites aux enfants qui ont des parents menteurs.

5. Quels sont les différents mensonges que les parents disent pour expliquer comment un enfant vient au monde ?

Réflexion

1. Citez quelques mensonges que vos parents vous ont racontés quand vous étiez petit. À quelles catégories mentionnées dans le texte ces mensonges appartiennent-ils ?

2. Y a-t-il des types de mensonges qui sont graves, d'après vous ?

Grammaire

Que sais-je ?

Indiquez la bonne réponse et expliquez votre choix.

1. Le futur simple des verbes réguliers en *er* et *ir* (par exemple, *téléphonera, réussiront*) est formé à partir...
   ____ a) du participe passé.
   ✓ b) de l'infinitif.
   ____ c) du subjonctif.

2. La phrase « Si je pouvais, je partirais. » est...
   ____ a) une phrase relative.
   ✓ b) une phrase hypothétique.
   ____ c) une phrase simple.

3. Dans la phrase « Je préparerai le dîner pendant que tu tondras le gazon. », l'action du premier verbe...

   ✓ a) arrive en même temps que l'action du deuxième verbe.
   ___ b) précède l'action du deuxième verbe.
   ___ c) suit l'action du deuxième verbe.

4. Dans la phrase « Quand j'aurai fini mes devoirs, j'irai me coucher. », l'action du premier verbe...

   ___ a) arrive en même temps que l'action du deuxième verbe.
   ✓ b) précède l'action du deuxième verbe.
   ___ b) suit l'action du deuxième verbe.

5. Si on analyse les formes *ferait* ou *ferions* (verbe *faire* au conditionnel présent), on remarque que les terminaisons sont les mêmes...

   ___ a) qu'au présent de l'indicatif.
   ___ b) qu'au passé simple.
   ✓ c) qu'à l'imparfait de l'indicatif.

6. Pour compléter correctement la phrase « Si mon salaire me le permettait,... », il faut dire...

   ✓ a) *je chercherais un appartement.*
   ___ b) *je cherchais un appartement.*
   ___ c) *j'aurais cherché un appartement.*

1. Le futur simple et le futur antérieur

1A Mettez les verbes suivants au futur simple. (Voir tableau 8.1.)

1. tu (ne pas marcher) — ne marcheras pas
2. vous (enseigner) — enseignerez
3. elle (aimer) — aimera
4. nous (servir) — servirons
5. on (ne pas partir) — ne partira pas
6. je (réussir) — réussirai
7. vous (apprendre) — apprendrez
8. tu (construire) — construiras
9. nous (ne pas suivre) — ne suivrons pas
10. elles (s'amuser) — s'amuseront
11. tu (ne pas se reposer) — ne te reposeras pas
12. je (se tromper) — me tromperai

1B Mettez les verbes suivants au futur simple en faisant attention à leurs particularités orthographiques. (Voir tableau 8.1.)

1. nous (payer) — paierons

2. tu (ne pas céder) — ne céderas pas
3. elles (jeter) — jetteront
4. je (ne pas acheter) — n'achèterai pas
5. ils (essayer) — essaieront
6. elles (appeler) — appelleront
7. vous (mener) — menerez
8. tu (ne pas nettoyer) — ne nettoieras pas
9. on (peler) — pèlera
10. il (commencer) — commencera

1C Certains verbes irréguliers ont un radical basé sur l'infinitif. Mettez les verbes suivants au futur simple. (Voir tableau 8.2.)

1. vous (battre) — battrez
2. tu (ne pas lire) — ne liras pas
3. nous (dire) — dirons
4. elles (boire) — boiront
5. ils (fuir) — fuiront
6. on (plaire) — plaira
7. je (ne pas peindre) — ne peindrai pas
8. elle (résoudre) — résoudra

D'autres verbes irréguliers ont un radical particulier. Mettez les verbes suivants au futur simple. (Voir tableau 8.3.)

9. tu (envoyer) — enverras
10. il (mourir) — mourra
11. nous (devoir) — devrons
12. je (s'asseoir) — m'assiérai
13. on (ne pas acquérir) — n'acquerra pas
14. il (pleuvoir) — pleuvra
15. il (falloir) — faudra
16. je (ne pas aller) — n'irai pas
17. nous (ne pas voir) — ne verrons pas
18. tu (avoir) — auras
19. elle (être) — sera
20. vous (faire) — ferez

1D On emploie le futur simple pour exprimer catégoriquement une action ou un état à venir. Mettez les verbes entre parenthèses au futur simple. (Voir tableau 8.4.)

1. Nous _serons_ (être) fatigués ce soir.
2. Elle _fera_ (faire) ses devoirs à la dernière minute.
3. Vous _vous divertirez_ (se divertir) samedi soir.
4. On annonce qu'il _pleuvra_ (pleuvoir) toute la semaine.

5. Elles n'apprendront jamais (ne jamais apprendre) l'espagnol.
6. Tu t'assiéras (s'asseoir) là-bas, s'il te plaît.
7. Je crois qu'elles pleuvront (pleurer) aux funérailles. pleureront
8. Je verrai (voir) le dentiste dans deux mois.

1E On emploie le futur simple dans les propositions subordonnées qui commencent par les conjonctions *aussitôt que, dès que, lorsque, pendant que, quand* et *tant que* lorsqu'il s'agit d'un contexte logiquement futur. Notez qu'en anglais, on utilise le présent de l'indicatif au lieu du futur simple. Mettez les verbes entre parenthèses au futur simple. (Voir tableau 8.4.)

1. Quand vous arriverez (arriver) à Amsterdam, téléphonez-moi.
2. Il sera (être) furieux lorsqu'il comprendra (comprendre) qu'il n'a pas gagné.
3. Pendant que tu t'endormiras (t'endormir), je te lirai (lire) une histoire.
4. Tant que cet homme (parler) parlera, je l' écouterai (écouter).
5. Dès que vous voudrez (vouloir) me parler, venez chez moi.
6. Aussitôt que tu te réveilleras (se réveiller), tu prépareras (préparer) le café.

1F On utilise le futur simple dans une proposition principale rattachée à une subordonnée où la condition (précédée de la conjonction *si*) est exprimée au présent. Mettez chaque verbe au temps approprié. (Voir tableau 8.4.)

1. Si j'ai (avoir) faim à six heures, je mangerai (manger) un sandwich.
2. S'il ne pleut pas (ne pas pleuvoir), nous ns promènerons (se promener) dans le parc avant de rentrer.
3. Si le meurtrier est (être) intelligent, il ne reviendra pas (ne pas revenir) sur les lieux du crime.
4. Si le premier ministre comprend (comprendre) bien la situation, il fera (faire) quelque chose pour créer des emplois.
5. Si le professeur nous donne (donner) trop de travail, nous ns plaindrons (se plaindre).

1G Complétez les phrases suivantes en employant le futur simple. (Voir tableau 8.4.)

1. Elle se demande si _____

2. Je ne sais pas si _____

3. Mes parents veulent savoir si _____

4. Il est impossible de prédire quand

_____

5. Nous voulons savoir si

_____

1H On emploie le futur simple pour atténuer l'impact d'un ordre à l'impératif ou pour exprimer une nuance de politesse. Récrivez les phrases suivantes de façon à atténuer l'impact de l'impératif. (Voir tableau 8.4.)

1. Finissez vos devoirs ce soir.
   Vs finirez

2. Montrez-moi le brouillon de votre dissertation avant de partir.
   Vs me montrerez

3. Ne parlez de mes idées à personne.
   Vs ne parlerez

4. Écris à ta grand-mère pour la remercier.
   Tu écriras

5. Fais la vaisselle et range ta chambre ce soir.
   Tu feras   rangeras

1I Mettez les verbes suivants au futur proche. (Voir tableau 8.4.)

1. Nous **allons manger** (manger) dans cinq minutes.
2. Je **ne vais pas passer** (ne pas passer) la fin de semaine à travailler.
3. Tu **vas accepter** (accepter) leur offre ?
4. Elle **va se coucher** (se coucher) ; elle a eu une journée difficile.

1J Mettez les verbes suivants au futur antérieur. Attention à l'accord du participe passé ! (Voir tableau 8.5.)

1. je (chanter) _____
2. nous (soigner) _____
3. on (regarder) _____
4. il (ne pas rougir) _____
5. on (arrondir) _____
6. elle (agir) _____
7. vous (partir) _____
8. ils (faire) _____
9. elles (ne pas aller) _____
10. je (venir) _____
11. les oiseaux (s'envoler) _____
12. tu (s'emballer) _____

Grammaire 143

13. ils (ne pas s'enivrer) _____
14. elles (se presser) _____
15. il (devenir) _____
16. nous (craindre) _____
17. ils (ne pas périr) _____
18. tu (se méprendre) _____

1K On emploie le futur antérieur dans les propositions subordonnées qui commencent par les conjonctions *après que, aussitôt que, dès que, lorsque, quand, tant que* et *une fois que* pour exprimer une action que l'on prévoit achevée avant l'action de la proposition principale, qui est au futur simple. Mettez les verbes entre parenthèses au temps qui convient. (Voir tableau 8.6.)

1. Je _____ (aller) au cinéma lorsque je _____ (écrire) cette lettre.
2. Elle _____ (déjà quitter) le pays quand ses parents _____ (revenir) de vacances.
3. Après que nous _____ (finir) de regarder cette émission, nous _____ (sortir).
4. Dès que l'enfant _____ (comprendre) le danger qu'il court, il _____ (ne plus traverser) la rue tout seul.
5. Dès que mon père _____ (gagner) assez d'argent, il _____ (prendre) sa retraite.

1L Si les deux actions sont simultanées ou presque simultanées, on emploie deux futurs simples. Écrivez quatre phrases qui expriment chacune deux actions simultanées après une conjonction temporelle. (Voir tableau 8.6.)

1. Tant qu'elle _____, elle _____.
2. Une fois que vous _____, vous _____.
3. Pendant que le bébé _____, la mère _____.
4. Lorsque le docteur _____, le patient _____.

1M On emploie le futur antérieur pour décrire une action que l'on prévoit achevée à un certain moment de l'avenir. Illustrez ce concept avec des phrases indiquant ce qui se sera passé. Composez des phrases affirmatives et négatives. (Voir tableau 8.6.)

1. Dans dix ans, je_____.
2. Dans un mois, ma meilleure amie_____.
3. Dans cinq ans, le Canada_____.
4. En l'an 2025, le monde_____.

1N On emploie le futur antérieur pour exprimer la probabilité ou la supposition que quelque chose est arrivé. Complétez les phrases suivantes. (Voir tableau 8.6.)

1. Ma sœur n'est pas arrivée à l'heure ; elle _____
_____

2. L'agent de police lui a donné une contravention ; il _____

3. Il n'y a plus de biscuits ; mon frère _____

4. Elles ont raté leurs examens ; elles _____

5. Le chien n'est plus dans le jardin ; il _____

1O On emploie le futur antérieur dans la subordonnée de l'interrogation indirecte pour exprimer une action qui aura été accomplie dans l'avenir, quand le verbe de la proposition principale est au présent. Complétez les phrases suivantes en mettant la proposition entre parenthèses au futur antérieur. (Voir tableau 8.6.)

1. Angelina Jolie ne sait pas quand elle… (finir de tourner son nouveau film).

2. Margaret Atwood ne sait pas si elle… (écrire un livre l'année prochaine).

3. Je ne sais pas si je… (terminer mes études).

4. Demandez-lui s'il… (partir en vacances à ce moment-là).

5. Nous ne savons pas si elle… (pouvoir se reposer).

6. Il ne sait pas si ses amies… (revenir de Montréal samedi).

1P La conjonction française *si* peut être l'équivalent de la conjonction anglaise *if* ou l'équivalent du *whether* de l'interrogation indirecte. Indiquez avec un I (*if*) ou un W (*whether*) le sens de la conjonction *si* dans les phrases suivantes.

1. Si vous faites cela, je vous quitterai.   I
2. Je me demande si je pourrai y aller.   W
3. Je vous verrai si l'occasion se présente.   I
4. Elle se demande si elle pourra le faire.   W

2. Le conditionnel présent et passé

2A Mettez les verbes suivants au conditionnel présent. Attention aux particularités orthographiques ou de radical ! (Voir tableau 8.8.)

1. je (être)   serais
2. nous (remercier)   remercierions
3. elle (faire)   ferait

4. tu (ne pas aller) n'irais pas
5. il (croire) croirait
6. elles (partir) partiraient
7. je (ne pas vouloir) ne voudrais pas
8. on (perdre) perdrait
9. ils (espérer) espéreraient
10. elles (acheter) achèteraient
11. nous (appeler) appellerions
12. on (ne pas travailler) ne travaillerait pas
13. tu (se laver) te laverais
14. ils (ne pas s'entendre) ne s'entendraient pas
15. elles (s'écrire) s'écriraient
16. ils (s'aimer) s'aimeraient
17. nous (payer) nous paierions
18. je (ne pas essuyer) n'essuierais pas
19. elle (jeter) jetterais
20. tu (ne pas voir) ne verrais pas

2B On emploie le conditionnel présent pour exprimer la possibilité et l'éventualité. (Il traduit l'anglais *would*.) Mettez les verbes suivants au conditionnel présent. (Voir tableau 8.9.)

1. Ils préféreraient (préférer) ne pas venir au concert.
2. Comment saurais (savoir)-je la vérité ?
3. Je le ferais (faire) volontiers.
4. À sa place, je ne dirais pas (ne pas dire) cela.
5. Pour son enfant, il donnerait (donner) sa vie.

2C On emploie le conditionnel présent pour exprimer une conclusion possible dans une proposition principale rattachée à une subordonnée où la condition (précédée de la conjonction *si*) est exprimée à l'imparfait. Dans chaque phrase, mettez le verbe approprié au conditionnel présent et l'autre à l'imparfait. (Voir tableau 8.9.)

1. Il refuserait (refuser) s'il soupçonnait (soupçonner) quelque chose d'illégal.
2. Elle viendrait (venir) nous voir si elle avait (avoir) une voiture.
3. Je leur expliquerais (expliquer) le poème s'ils me le demandaient (demander).
4. Si elles écoutaient (écouter), elles comprendraient (comprendre).
5. Si on allait (aller) en France, on dépenserait (dépenser) beaucoup d'argent.

2D On emploie le conditionnel présent pour demander quelque chose d'une façon plus polie ou pour atténuer l'impact de ce que l'on a à dire. Récrivez les phrases suivantes en utilisant une formule plus polie. (Voir tableau 8.9.)

1. Pouvez-vous m'indiquer la rue du Mont Blanc ?
   ✓ Pourriez-vs

2. Veux-tu sortir avec moi ?
   ✓ Voudrais-tu

3. Vous devez vous arrêter de boire autant de bière.
   ✓ Vs devriez

4. Peux-tu m'aider à faire mes devoirs?
   ✓ Pourrais-tu

2E On emploie le conditionnel présent dans une proposition complétive qui commence par *si* ou *que* pour exprimer un futur dans un contexte passé, c'est-à-dire une action qui était à venir au moment où l'on parle. Pour illustrer ce concept, complétez les phrases suivantes. (Voir tableau 8.9.)

1. On nous a dit qu'il _____

2. Je savais qu'ils _____

3. Je croyais que ma sœur _____

4. Il ne m'a pas dit s'il _____

5. Elles ont affirmé qu'elles _____

6. On se demandait bien si les politiciens _____

2F On emploie le conditionnel présent pour exprimer un souhait ou pour annoncer des faits non confirmés. Mettez chaque verbe au conditionnel présent et indiquez s'il s'agit d'un souhait (S) ou d'un fait non confirmé (F). (Voir tableau 8.9.)

✓ 1. Ma fille _aimerais_ (aimer) devenir actrice.   S
✓ 2. Deux cents personnes _seraient_ (être) mortes à la suite du tremblement de terre.   F
✓ 3. Selon vous, c'est Jacques qui _obtiendrais_ (obtenir) le poste.   F
✓ 4. Ces pauvres gens _voudraient_ (vouloir) bien quitter leur pays.   S
✓ 5. Le conférencier _serais_ (être) malade et la conférence _serait_ (être) annulée.   F

Grammaire 147

2G Mettez les verbes suivants au conditionnel passé. Attention à l'accord du participe passé ! (Voir tableau 8.10.)

1. nous (révéler) — nous aurions révélé
2. elles (se lever) — elles se seraient levées
3. Marie (ne pas aller) — ne serait pas allée
4. on (faire) — on aurait fait
5. ils (rendre) — ils auraient rendu
6. elles (ouvrir) — elles auraient ouvert
7. tu (ne pas vouloir) — tu n'aurais pas voulu
8. je (ne pas pouvoir) — je n'aurais pas pu
9. elle (envoyer) — elle aurait envoyé
10. elles (se sentir) — elles se seraient senties
11. tu (avoir) — tu aurais eu
12. on (regarder) — on aurait regardé
13. je (ne pas dessiner) — je n'aurais pas dessiné
14. la mer (démolir) — elle aurait démoli
15. les jumeaux (se battre) — ils se seraient battus

2H On emploie le conditionnel passé pour exprimer une conclusion possible dans une proposition principale rattachée à une subordonnée dans laquelle la condition (précédée de la conjonction *si*) est exprimée au plus-que-parfait. Dans les phrases suivantes, mettez le verbe approprié au plus-que-parfait et l'autre au conditionnel passé. (Voir tableau 8.11.)

1. Si je **avais eu** (avoir) plus de talent, je **aurais connu** (connaître) le succès.
2. Si vous **vous étiez dépêché** (se dépêcher), vous **n'auriez pas manqué** (ne pas manquer) le train.
3. Si tu **n'étais pas arrivé** (ne pas arriver) en retard, tu **aurais rencontré** (rencontrer) mon amie.
4. Nous **serions venus** (venir) si nous **avions su** (savoir) que vous aviez besoin de nous.
5. Vous **ne vous seriez pas levé** (ne pas se lever) s'il **avait fait** (faire) trop froid.

2I On emploie le conditionnel passé dans une proposition complétive qui commence par *si* ou *que* pour exprimer un futur antérieur dans un contexte passé. Complétez les phrases suivantes avec un verbe de votre choix au conditionnel passé. (Voir tableau 8.11.)

1. Il ne nous a pas dit s'il _____

Chapitre 8

2. Ma meilleure amie m'a dit que _____

3. On se demandait si les professeurs _____

4. Elle m'avait promis que _____

2J On emploie le conditionnel passé pour exprimer un fait douteux ou quelque chose dont on n'est pas encore sûr. Mettez les verbes entre parenthèses au conditionnel passé. (Voir tableau 8.11.)

1. L'incendie _aurais brûlé_ (brûler) toute la nuit.
2. Le vent _aurais abattu_ (abattre) trois arbres.
3. L'armée _aurais tué_ (tuer) plusieurs rebelles.
4. La neige _aurais causé_ (causer) trois accidents de voiture ce matin.

3. Les phrases hypothétiques

3A Faites des phrases avec *si* selon les indications. (Voir tableau 8.13.)

1. *si* + présent + présent _____

2. *si* + présent + futur _____

3. *si* + présent + impératif _____

4. *si* + imparfait + conditionnel présent _____

5. *si* + plus-que-parfait + conditionnel passé _____

6. *si* + passé composé + présent _____

7. *si* + passé composé + impératif _____

4. Traduction

4A Traduisez les phrases suivantes en français.

1. If I am sleepy, I will take a nap.
   Si j'ai sommeil, je ferai

2. Will they do it? (employez l'inversion)
   Le feront-ils?

3. Will she write to them? (employez l'inversion)
   Leur écrira-t-elle?

4. He is leaving in a few days.
   Il part dans quelques jours

5. The performance will begin in five minutes.
   La représentation va commencer dans

6. If I win the lottery, I will buy a new car.
   Si je gagne la loterie, j'achèterai

4B Traduisez les phrases suivantes en français.

1. Paul will study hard for his exams. I know him!
   Paul étudiera

2. I am going to phone my mother this weekend.
   Je vais téléphoner

3. They are not going to take a holiday this year.
   Ils ne vont pas prendre de vacances

4. Marie is going to get sick if she doesn't wear a coat.
   Marie va tomber malade si elle ne porte pas

5. She will often work late at the office.
   Elle travaille souvent tard au bureau

4C
On emploie le futur antérieur dans la subordonnée qui suit les conjonctions *quand/lorsque* (when), *aussitôt que/dès que* (as soon as), *après que* (after), *pendant que* (while) et *tant que* (as long as). Le verbe anglais peut être au présent. En français, le futur simple ou le futur antérieur (selon le cas) est obligatoire. Traduisez les phrases suivantes en français. (Voir tableau 8.7.)

1. When you arrive in London, phone me.

2. When you want to talk to me, I will listen.

3. As soon as they are ready, we will leave.

4. He will call when the meeting is over.

4D La conjonction *au cas où* (in case/in the event that), qui introduit une éventualité, est toujours suivie du conditionnel. Traduisez les phrases suivantes en français. (Voir tableau 8.9.)

1. Bring an umbrella in case it rains.
   Apportez au cas où il pleuvrait

2. I will lend you my textbook in case you need it this weekend.
   Je vs prêterai au cas où vs en auriez besoin

3. I will pay you now in case I don't see you this afternoon.
   Je vs payerai au cas où je ne vs verrais pas

4E Le verbe *devoir* au conditionnel présent devant un infinitif exprime la nécessité ou l'obligation. (Il traduit l'anglais *should*.) Traduisez les phrases suivantes en français. (Voir tableau 8.9.)

1. You should rest now because we are going out later.
   Vs devriez vs reposer

2. Children should respect their elders.
   Les enfants devraient

3. They should go to church.
   Ils devraient

4. You should work harder.
   Tu devrais

4F Le verbe *pouvoir* au conditionnel présent devant un infinitif exprime la possibilité. (Il traduit l'anglais *could*.) Traduisez les phrases suivantes en français. (Voir tableau 8.9.)

1. We could help her.
   Ns pourrions l'aider

2. She could never travel alone.
   Elle ne pourrait jamais

3. They could do it.
   Ils pourraient le faire

4. Could he send it to us?
   Pourrait-il ns l'envoyer

4G On emploie le conditionnel passé pour exprimer la possibilité et l'éventualité, et après la conjonction *au cas où*. Traduisez les phrases suivantes en français. (Voir tableau 8.11.)

1. I would not have gone there.
   Je n'y serais pas allée
2. He wouldn't have been so happy to leave.
   Il n'aurait pas été
3. In the event that she would not have come that day, I was ready to do the presentation without her.
   Au cas où elle ne serait pas venue

4H Le verbe *pouvoir* au conditionnel passé devant un infinitif exprime quelque chose de possible, mais qui n'a pas eu lieu. Traduisez les phrases suivantes en français. (Voir tableau 8.11.)

1. You could have told me!
   Vs auriez pu me le dire
2. You could have made an effort.
   Tu aurais pu
3. The child could have drowned if you had not been there.
   L'enfant aurais pu se noyer si tu n'aurais pas été là

4I Le verbe *devoir* au conditionnel passé devant un infinitif exprime quelque chose de nécessaire ou d'obligatoire, mais qui n'a pas eu lieu. Traduisez les phrases suivantes en français. (Voir tableau 8.11.)

1. She should have listened to her parents.
   Elle aurais dû écouter ses parents
2. He should have studied harder for his final exam.
   Il aurais dû étudier
3. We should not have left before everybody.
   Ns n'aurions pas dû partir

4J Il faut distinguer entre le *would* qui précède une action habituelle et le *would* des phrases hypothétiques. Indiquez si l'auxiliaire *would* dans les phrases suivantes serait traduit par l'imparfait (I) ou le conditionnel (C) en français. (Voir tableau 8.12.)

1. Every Sunday we **would** visit my grandparents.   I
2. If I could, I **would** help you finish your work.   C
3. A dictionary **would** have been more helpful.   C
4. I **would** work late and then sleep in the next day.   I

4K Traduisez les phrases suivantes en français (Voir tableau 8.12.)

1. He wouldn't participate in the race.
   Il ne voulait pas participer à
2. She wouldn't tell me her secret.
   Elle ne voulais pas
3. They couldn't understand the exercise.
   Ils ne pouvaient pas
4. She tried to stand on her skates but couldn't.
   Elle a essayé   mais elle n'a pas pu le faire
5. Could you tell me the time, please?
   Pourrais-tu
6. Could you tell me how to get to the bank?
   Pourrais-tu
7. I wish I could have been there.
   J'aurais bien aimé y être
8. I wish it would stop raining.
   J'aimerais bien qu'il s'arrête de pleuvoir
9. I wish I could go away.   *pouvoir*
   J'aimerais bien partir
10. You ought to have said something.
    Vs auriez dû dire qqc

5. Expression écrite

5A Faites des phrases qui illustrent bien l'emploi des mots donnés.

1. N'importe qui peut _____
   _____
2. Il est tout à fait faux de dire que _____
   _____
3. Tout en reconnaissant le fait que _____
   _____
4. Quel que soit le bien fondé de _____
   _____

5B Dans le cadre du devoir suivant, rédigez quatre paragraphes de développement qui font suite au paragraphe d'introduction qui vous est donné ci-desous. Le thème du devoir est relié à la lecture de ce chapitre.

Faut-il vraiment mentir aux enfants ?

On dit que tout le monde ment. Que ce soient de petits ou de gros mensonges, les gens mentent. Dans un livre fort intéressant intitulé *Manuel à l'usage des enfants qui ont des parents difficiles*, l'auteure, Jeanne Van den Brouck, dit même que la plupart des parents mentent souvent à leurs enfants. Elle ajoute que ces parents sont « souvent motivés par les meilleurs sentiments et une réelle bonne volonté ». Étant donné ce fâcheux état de fait, il serait peut-être utile de songer à des stratégies qui éviteraient aux parents d'avoir recours à la contre-vérité et à la mystification.

1. _____
   _____
   _____
   _____
   _____
   _____

2. _____
   _____
   _____
   _____
   _____
   _____

3. _____
   _____
   _____
   _____
   _____
   _____

4. _____
   _____
   _____
   _____
   _____
   _____

D'autres horizons…

Deux films québécois relativement récents abordent le thème des relations parents-enfants. Nous vous les recommandons vivement. Il s'agit des films *Les Invasions barbares* de Denys Arcand et *C.R.A.Z.Y.* de Jean-Marc Vallée.

CHAPITRE 9

Vocabulaire

Exercice 1 : Mots à compléter
Exercice 2 : Phrases à composer
Exercice 3 : Correspondances
Exercice 4 : Radicaux

Lecture

Oiseau disparu ? Faire revivre le dodo (article) avec questions de compréhension

Grammaire

1. La négation
2. Les verbes pronominaux
3. Les expressions impersonnelles
4. Les adjectifs et pronoms indéfinis
5. Traduction
6. Expression écrite

D'autres horizons...

Vocabulaire

Exercice 1 : Mots à compléter

Complétez les mots suivants à l'aide des lettres données. Les mots sont tirés du vocabulaire du chapitre 9.

1. Les pays en v_oie_ de d_éveloppement_ ne profitent pas tous du tourisme.
2. Quelles sont les conséquences du tourisme de masse dans les pays du tiers-monde ? I_nflation_, po_llution_ et petite dé_linquance_.
3. Cet hôtel emploie surtout une main d'œuvre s_ais_o_nn_iè_re_.
4. Jacques Cartier est un e_x_p_lorat_eu_r_ célèbre.
5. Dans les Antilles, le climat est e_n_ s_oleill_é.
6. Le tourisme de _masse_ est né dans les années 60.
7. Les dépliants touristiques donnent une image tr_on_q_uée_ de la vie quotidienne dans les pays sous-développés.

Exercice 2 : Phrases à composer

Composez des phrases d'au moins dix mots chacune avec les éléments donnés.

1. des vacances programmées

_____

_____

2. la misère

___

3. le tourisme de masse

___

4. un pays d'accueil

___

5. les pays développés

___

Exercice 3 : Correspondances

Reliez les mots de la Colonne A à ceux de la Colonne B pour former une expression. Les mots de la colonne B sont dans le désordre.

Colonne A   Colonne B
1. le tiers-   c   a) programmées
2. un climat   e   b) à sens unique
3. un pays   f   c) monde
4. un échange   b   d) des prix
5. une hausse   d   e) ensoleillé
6. des vacances   a   f) d'accueil

Exercice 4 : Les radicaux

Expliquez les mots en caractères gras et identifiez la partie du mot qu'on appelle le radical en le soulignant.

1. un **francophile**

___

2. un centre **équestre**

___

3. une **pharmacie**

___

4. un produit **cancérogène**

___

Lecture

Lisez le texte ci-dessous puis répondez aux questions de compréhension. Cherchez le sens des mots en caractères gras dans un dictionnaire bilingue.

Oiseau disparu ? Faire revivre le dodo

Des scientifiques anglais veulent faire mentir l'expression « as dead as the **Dodo** ». Ils espèrent extraire de l'ADN de notre oiseau disparu afin de donner vie à un spécimen de cette espèce ou à un cousin très proche. Malgré les progrès faits en génétique ces dernières années, le **pari** reste difficile à réaliser.

Une équipe de l'université d'Oxford travaille sur des tests d'ADN de pigeons de la région d'Afrique. Parallèlement, des travaux sont effectués pour « recréer » l'ADN du dodo avec, au bout de ces efforts, l'espoir de faire revivre le dodo de l'**île Maurice**, effacé du territoire il y a des siècles.

Le film *Jurassic Park* a popularisé l'idée qu'on pouvait faire revivre des espèces disparues et a permis au grand public de comprendre — en simplifiant à l'extrême, comme nous le faisons ici — ce qu'est l'ADN (acide désoxyribonucléique), cette molécule géante, contenue dans nos cellules, qui porte les « plans » pour le développement des organismes vivants. Ce que tentent de réaliser les scientifiques d'Oxford, c'est un peu ce qui a été fait (de façon fictive) dans *Jurassic Park* : arriver à obtenir de l'ADN complet d'une espèce disparue, raviver ses facultés qui lui permettent de « coder » la « construction » d'un être vivant complet, afin de **féconder** des oeufs d'où sortiront des spécimens de cette espèce disparue.

Ce qui paraît simple en théorie l'est beaucoup moins en pratique. Car ces plans contenus dans l'ADN sont faits de milliards d'éléments, qui doivent suivre dans le bon ordre. Or, si l'ADN d'un organisme vivant est disponible en bon état, celui d'espèces disparues est souvent contenu dans des cellules qui ont été endommagées au fil des années, des siècles, ou des millénaires. Faire de *Jurassic Park* une réalité, par exemple, est pour le moment **quasiment** impossible, disent les scientifiques, car il faudrait trouver des cellules de dinosaures (par exemple, comme dans un film de Spielberg, du sang conservé dans l'estomac d'insectes qui ont eux-mêmes été préservés par accident dans de l'**ambre**)... et arriver à tirer, de ces cellules, de l'ADN en parfait état ou avec un niveau de détérioration assez faible pour qu'on puisse le « reconstruire » avec tous ses éléments.

Des cellules du dodo sont disponibles. Alors que les dinosaures ont disparu de la surface de la Terre depuis des millions d'années, le dernier dodo a été vu il y a seulement quelques siècles. Le musée d'Histoire naturelle de l'université d'Oxford possède une tête et une patte de dodo, une autre patte se trouve à Londres, et plusieurs os sont également conservés en Angleterre.

Les scientifiques espèrent en tirer de l'ADN en assez bon état pour le comparer à celui d'autres espèces, très proches, qui existent encore en Afrique ou dans la région de l'océan Indien. Ceci, afin de mieux connaître les origines du dodo et, de là, avoir de meilleures chances de redonner vie à l'espèce. Le dodo aurait été, à l'origine, un gros pigeon vivant en Afrique et qui, volant au-dessus de l'océan Indien, se serait posé à Maurice. L'espèce aurait trouvé sur l'île des conditions qui l'ont menée peu à peu à devenir celle qu'elle était : les dodos étaient comme de grosses poules, incapables de voler. Les scientifiques qui travaillent sur le projet veulent étudier, ainsi, le *Victoria Crown Pigeon*, ce « cousin » du dodo, après implantation de l'ADN de l'oiseau disparu, pourraient aussi « compléter » l'ADN endommagé du dodo.

Un autre moyen envisagé pour « recréer » le dodo ou, plus certainement, un animal très proche, est le *cross breeding*. Autrement dit, faire « croiser » différentes espèces de « cousins » du dodo afin d'obtenir une nouvelle espèce réunissant le maximum de caractéristiques du dodo lui-même.

On n'en est encore qu'au début de ces travaux sur une éventuelle « renaissance » du dodo. Mais certains émettent des réserves sur la réussite d'une telle tentative ou sur les conséquences négatives qu'elle pourrait avoir. Un paléontologue de l'université de Cambridge estime qu'il est impossible d'obtenir de l'ADN complet de dodo. Des écologistes, eux, mettent en garde contre la réaction du public : ce dernier pourrait penser que, si on est arrivé à redonner vie à une espèce disparue, il n'y a plus aucune nécessité de protéger les espèces vivantes et, en particulier, les espèces menacées.

Extrait du magazine *Weekend* du 11 avril 1999.

Compréhension globale

Dites si les affirmations suivantes sont vraies (V) ou fausses (F). Expliquez votre choix pour chaque énoncé.

1. Le dodo est un oiseau en voie de disparition.
2. Les écologistes pensent que la stratégie de faire revivre le dodo pourrait encourager les gens à ne plus s'intéresser à la protection des animaux.
3. On espère faire renaître le dodo d'ici deux ans.
4. On ne sait pas exactement comment on va faire revivre le dodo.
5. Heureusement qu'on a gardé des spécimens du dodo dans les musées.
6. Le texte cite le film *Jurassic Park* parce que l'oiseau dodo était un oiseau préhistorique.
7. On envisage au moins deux moyens pour faire revivre une espèce très proche du dodo.

Compréhension détaillée

1. À l'aide de quelle technologie va-t-on essayer de faire revivre une espèce semblable au dodo, qui a disparu il y a quelques siècles ?
2. Pourquoi fait-on allusion au film *Jurassic Park* ?
3. Expliquez la phrase « Ce qui paraît simple en théorie l'est beaucoup moins en pratique. »
4. Est-ce qu'on va être capable de créer un oiseau qui est exactement pareil au dodo, qui existait il y a trois siècles ?

Réflexion et discussion

1. Savez-vous pourquoi l'oiseau dodo est un symbole important pour l'île Maurice ?
2. Croyez-vous que c'est une bonne idée de faire revivre une espèce qui a disparu ?
3. Quels sont les dangers de ces nouvelles manipulations génétiques ?

Grammaire

Que sais-je ?

Indiquez la bonne réponse et expliquez votre choix.

1. Dans la phrase « Je n'ai jamais pu voir de baleines en traversant le fleuve St-Laurent. », il y a...

   _____ a) une affirmation.
   ✓ b) une négation.
   _____ c) une interrogation.

2. La phrase « Je n'ai que des ennuis ces jours-ci. » veut dire...

   _____ a) Je n'ai pas d'ennuis ces jours-ci.
   ✓ b) J'ai seulement des ennuis ces jours-ci.
   _____ c) J'ai peu d'ennuis ces jours-ci.

3. Le masculin pluriel de l'adjectif *tout* est...

   ✓ a) *tous*.
   _____ b) *touts*.
   _____ c) *toutes*.

4. L'expression *n'importe quoi* veut dire...

   ✓ a) *anything*.
   _____ b) *everything*.
   _____ c) *nothing*.

5. Le mot *jamais* veut dire...

   _____ a) *peu souvent*.
   ✓ b) *pas une seule fois*.
   ✗ c) *pas toujours*.

6. Le mot *davantage* veut dire...

   _____ a) *très*.
   _____ b) *beaucoup*.
   ✓ c) *plus*.

1. La négation

1A Complétez les phrases suivantes en traduisant la négation entre parenthèses. (Voir tableau 9.1.)

1. Je n'ai __toujours pas__ (still not) reçu de ses nouvelles.
2. Elle n'est __pas du tous__ (not at all) religieuse.
3. Nous ne buvons __jamais__ (never) de lait.
4. Ils ne sont __plus__ (anymore) mariés.
5. Tu ne manges __pas bcp__ (not much) ; tu es très maigre.

6. Il ne se sent __point__ (not/literally) apprécié.
7. Elle n'est pas d'accord __non plus__ (either).
8. Nous n'avons __pas encore__ (not yet) mangé.

1B Récrivez les phrases suivantes en les mettant à la forme négative. (Voir tableaux 9.2 et 9.3.)

1. Nous avons vu quelqu'un dans la rue.
   n'avons vu personne
2. Elle en a vendu plusieurs.
   n'en a vendu aucune
3. Tout me semble impossible en ce moment.
   Rien ne me semble
4. Vous avez beaucoup de choses à me dire ?
   n'avez rien
5. Le chien a tout mangé.
   n'a rien
6. Quelqu'un voulait me parler ?
   Personne ne voulait

2. Les verbes pronominaux

2A Mettez les verbes ci-dessous au présent de l'indicatif, d'abord à la forme affirmative, puis à la forme négative.

1. nous (se laver) ns ns lavons ; ns ne ns lavons pas
2. il (se réveiller) il se réveille / il ne se réveille pas
3. vous (se marier) vs vs mariez / vs ne vs mariez pas
4. je (se brosser les dents) me brosse / je ne me brosse pas
5. ils (se raser) ils se rasent / ils ne se rasent pas
6. elle (se dépêcher) elle se dépêche / elle ne se dépêche pas
7. tu (se rappeler) tu te rappelles / tu ne te rappelles pas
8. on (s'amuser) on s'amuse / on ne s'amuse pas
9. nous (se souvenir) nous nous souvenons / ns ne ns souvenons pas

10. tu (se promener)   *tu te promènes*
                                    tu ne te promènes pas

2B Mettez les phrases suivantes au passé composé. Attention à l'accord du participe passé ! (Voir tableau 2.4.)

1. Les enfants se battent souvent.
   se sont battus souvent

2. Nous nous téléphonons.
   nous sommes téléphoné

3. Elles s'écrivent.
   se sont écrit

4. Je me promène le soir.
   me suis promenée

5. Ils se séparent.
   se sont séparés

6. Tu t'intéresses à la musique.
   t'es intéressé

7. Ils se rencontrent devant la banque.
   se sont rencontrés

8. Vous vous asseyez sur des chaises.
   vous êtes assis

9. On se lève tôt.
   s'est levé

10. Nous nous plaignons de la nourriture.
    nous sommes plaints

11. Elle se casse la jambe.
    s'est cassée

12. Je me casse le bras.
    me suis cassée

2C Faites deux phrases avec les verbes suivants, l'une avec le verbe pronominal et l'autre avec le verbe non pronominal. (Voir tableau 9.6.)

1. se laver/laver

2. se dire/dire

3. se mettre/mettre

_____

_____

4. s'entendre/entendre

_____

_____

5. s'attendre à/attendre

_____

_____

6. s'ennuyer/ennuyer

_____

_____

2D Traduisez les phrases suivantes en anglais. Notez bien la valeur passive du verbe pronominal. (Voir tableau 9.7.)

1. La bière ne se vend pas dans les épiceries au Canada, sauf au Québec.

_____

2. Elle est très nerveuse, ça se voit !

_____

3. Les fleurs, est-ce que ça se mange ?

_____

4. Cela ne se fait pas dans ce pays.

_____

5. Cela ne se dit pas.

_____

6. Je m'appelle Tricia.

_____

7. Cette expression ne s'emploie que rarement en France. Elle est plus populaire au Québec.

_____

_____

2E Complétez les phrases suivantes en mettant le verbe pronominal entre parenthèses au temps/mode indiqués.

1. Le prisonnier _s'est enfui_ (s'enfuir/passé composé) pendant la nuit.
2. L'oiseau _s'envolerait_ (s'envoler/conditionnel présent) si le chat s'approchait de lui.
3. Elle _se serait repentie_ (se repentir/conditionnel passé) si elle _s'était sentie_ (se sentir/plus-que-parfait) coupable.
4. Le vieux bâtiment _s'écroule_ (s'écrouler/présent de l'indicatif).
5. Ils _se moqueront_ (se moquer/futur simple) de nous.

2F Certains verbes pronominaux au pluriel peuvent avoir un sens réfléchi (RÉF) ou un sens réciproque (RÉC). Indiquez le sens des verbes dans les phrases suivantes. (Voir tableau 9.5.)

1. Ils s'aiment comme deux frères. — RÉC
2. Elles se frappent en se disputant. — RÉC
3. Ils se regardent dans les yeux. — RÉC
4. Elles se déshabillent avant de se coucher. — RÉF
5. Elles se maquillent avant d'aller au travail. — RÉF
6. Ils s'écrivent tous les ans à Noël. — RÉC
7. Ils se visitent tous les quatre dimanche. — RÉC
8. Nous nous brossons les dents. — RÉF

2G Il ne faut pas confondre une forme pronominale qui indique une action avec un adjectif ou un participe qui indique le résultat d'une action. Dans les phrases suivantes, indiquez si les mots en italique représentent une action (A) ou un fait accompli (FA).

1. *Le chat était allongé* sur le linge que je venais de plier. — FA
2. *Je suis assise* toute la journée et j'ai souvent mal au dos. — FA
3. *Nous nous sommes levés* tard dimanche matin parce que *nous nous étions couchés* tard samedi soir. — A A
4. *Il était déjà levé* quand je lui ai téléphoné. — FA
5. *Elle s'était couchée* parce qu'elle avait une migraine. — A

2H Construisez des phrases qui illustrent bien le sens des verbes ci-dessous.

1. s'en faire
   _____
   _____

2. s'y faire
   _____
   _____

3. s'agir de
   _____

2I On utilise l'article défini en français lorsque le sujet d'un verbe pronominal agit sur une partie du corps. L'anglais utilise le possessif. Mettez l'article qui convient. (Voir tableau 9.7.)

1. Elle s'est foulé __la__ cheville.
2. Je me suis cassé __le__ doigt.
3. Elle s'est coupé __les__ cheveux.
4. Il s'est cassé __le__ bras.
5. Il faut que tu te brosses __les__ dents.
6. Les enfants n'aiment pas se laver __le__ visage.
7. Je t'ai dit de te laver __les__ mains.

Grammaire 163

2J Le pronom réfléchi est souvent sous-entendu en anglais. En français, le pronom personnel réfléchi est toujours exprimé. Traduisez les phrases suivantes en anglais. (Voir tableau 9.7.)

1. Calmez-vous !
   _____

2. Nous nous levons vers huit heures.
   _____

3. Nous aimons nous promener dans le parc.
   _____

4. Je me réveille tôt à cause des trains.
   _____

3. Les expressions impersonnelles

3A Les verbes impersonnels sont toujours à la troisième personne du singulier. Leur sujet est toujours le pronom neutre et indéterminé il. Complétez les phrases suivantes. (Voir tableau 9.8.)

1. Il pleut _____

2. Il a neigé _____

3. S'il fait beau _____

4. Il s'agit de _____

5. Il se passe _____

6. Il est bizarre que _____

7. Il paraît que _____

3B Dites si le pronom *il* est personnel (P) ou impersonnel (I) dans les phrases suivantes. (Voir tableau 9.8.)

1. *Il* n'est pas sûr de pouvoir le faire.   P
2. *Il* a fallu laisser les enfants dans la voiture.   I
3. *Il* paraît que vous n'êtes pas d'accord.   I
4. *Il* agira sans réfléchir.   P

5. *Il s'agit d'un crime.*
6. *Il y a trente étudiants dans la classe.*

4. Les adjectifs et pronoms indéfinis

4A Complétez les phrases suivantes en traduisant les mots entre parenthèses. (Voir tableaux 9.9 et 9.10.)

1. **Pas un seul** (not a single) gérant n'est venu à la réunion.
2. En principe, **n'importe qui** (anyone) peut devenir président des États-Unis.
3. **Certains** (certain people) disent qu'il faut se préparer pour une troisième guerre mondiale.
4. Je **n'ai aucune idée** (have no idea) de ce que vous voulez dire.
5. **Personne** (no one) n'a le droit de faire cela.
6. Elle n'a parlé **à personne** (to anyone).
7. Nous n'avons vu **personne** (anyone) en nous promenant.
8. Dans une relation intime, il faut respecter **l'autre personne** (the other person).
9. Voulez-vous **autre chose** (something else), Madame ?
10. Choisis un poème, **n'importe quel poème** (any poem), et je te le lirai.
11. **Quoi qu'** (whatever) elle me dise, je ne la croirai pas.
12. On s'est disputé **maintes fois** (many times) avant de se quitter définitivement.
13. **Plus d'un** (more than one) avion s'est écrasé en atterrissant.
14. **Toutes** (all) les filles de ce groupe veulent maigrir.
15. On nous a offert **différentes** (various) options.
16. **Nul/Aucun** (no) argument ne me semble convaincant dans cette histoire.
17. **Chaque** (each) problème a plusieurs solutions.
18. **On dit** (people are saying) qu'elle a collaboré avec les Allemands pendant l'Occupation.
19. Nous voudrions boire **qqc** (something) de froid parce qu'il fait si chaud.
20. **Tous les deux** (both of them) ont été arrêtés ce matin.
21. **Tel** (like) père, **tel** (like) fils.
22. **Quoi que** (whatever it is that) vous ayez fait, je vous aimerai toujours.
23. Dites-le à **qui que vous vouliez** (whomever you like), je m'en moque.
24. J'ai **quelques** (some) achats à faire cet après-midi.
25. Ils achètent toujours les **mêmes** (same) choses.

4B Faites une phrase avec chacun des termes suivants. (Voir tableaux 9.11 et 9.12.)

1. autrui

2. quels que

3. n'importe qui

4. quelconque

5. l'un et l'autre

6. qui que ce soit que

5. Traduction

5A Traduisez les phrases suivantes en français.

1. I'm going to get married next month.
   Je vais me marier le mois prochain

2. I am going for a walk.
   Je vais me promener

3. We're going to be bored.
   Nous allons nous ennuyer

4. Do you think they are going to help each other?
   Tu crois qu'ils vont s'entraider?

5. I don't think she will remember us.
   Je ne crois pas qu'elle va se rappeler de nous

6. If he asks me out, I'm going to faint.
   S'il me demande de sortir avec lui, je vais m'évanouir

7. I don't think they will complain.
   Je ne crois pas qu'ils vont se plaindre

5B Traduisez les phrases impératives suivantes en employant les verbes entre parenthèses.

1. Have fun! (vous/s'amuser)
   Amusez-vous
2. Let's hurry. (nous/se dépêcher)
   Dépêchons-nous
3. Go to bed! (tu/se coucher)
   Va te coucher
4. Wash your hair. (tu/se laver/les cheveux)
   Lave-toi les cheveux
5. Brush your teeth. (vous/se brosser les dents)
   Brossez-vous les dents
6. Let's not get up too early tomorrow morning. (nous/se lever)
   Ne nous levons pas
7. Don't get discouraged. (vous/se décourager)
   Ne vous découragez pas

5C La construction *to get* + adjective/past participle, très usitée en anglais, est souvent exprimée en français par un verbe pronominal. Traduisez les phrases suivantes en français.

1. She is getting angry.
   Elle se fâche
2. They are getting separated.
   Ils se séparent
3. They are getting married.
   Ils se marient
4. We are getting impatient.
   Nous nous impatientons
5. He gets tired very easily.
   Il se fatigue

5D Traduisez les phrases suivantes en français.

1. They don't study very hard either.
   Ils n'étudient très fort non plus
2. I can't find my wallet anywhere.
   Je ne peux trouver ... nulle part
3. You still haven't cleaned your room!
   Tu n'as toujours pas nettoyé ta chambre
4. I don't think so.
   Je crois que non

5. Don't ever say that!

   Ne dis jamais cela

5E Traduisez les phrases suivantes en français. (Voir tableau 9.2.)

1. I don't have a single art book in my collection.

   Je n'ai pas un seul

2. No politician would ever support such a measure.

   Nul politician ne

3. I didn't have any idea what he meant.

   Je n'avais aucune idée

4. No child will be allowed to leave the school without special permission.

   On ne permettra à aucun enfant

6. Expression écrite

6A Composez des phrases à l'aide des conjonctions négatives entre parenthèses. (Voir tableau 9.4.)

1. Avec deux noms sujets (ni … ni … ne)

2. Avec deux pronoms compléments d'objet direct (ne … ni … ni)

3. Avec deux noms compléments d'objet direct (ne … pas de … ni … de)

4. Avec deux participes passés (ne … ni … ni)

5. Avec deux infinitifs (ne … ni … ni)

6. Avec deux propositions subordonnées (ne pas que… ni que…)

6B Écrivez des phrases en utilisant les expressions négatives entre parenthèses.

1. (ne … pas … non plus)

168 Chapitre 9

2. (ne ... aucunement)

3. (ne ... nulle part)

4. (Aucun ... ne ...)

5. (ne ... pas une ...)

6. (Nulle ... ne ...)

7. (Pas un ... ne ...)

8. (Rien ne ...)

6C Rédigez la conclusion du texte que vous avez écrit dans le chapitre précédent.

D'autres horizons...

Nous vous proposons un autre film passionnant qui, cette fois-ci, traite de la nature, de la mer et de l'océan. Il s'agit du film *Le grand bleu* de Luc Besson (1988).

CHAPITRE 10

Vocabulaire

EXERCICE 1 : Mots de la même famille
EXERCICE 2 : Homonymes
EXERCICE 3 : Correspondances

Lecture

Les yeux baissés (extrait du roman de Tahar Ben Jelloun) avec questions de compréhension

Grammaire

1. La voix passive
2. Le participe présent
3. Le discours indirect
4. Traduction
5. Expression écrite

D'AUTRES HORIZONS...

Vocabulaire

Exercice 1 : Mots de la même famille

Donnez le nom (avec l'article) qui correspond à chacun des verbes suivants.

1. répondre — la réponse
2. appeler — l'appel (m)
3. afficher — l'affiche (m)
4. décrocher — un décrochement
5. attendre — l'attente (f)
6. correspondre — la correspondance
7. envoyer — l'envoi (m)

Exercice 2 : Homonymes

Donnez au moins un homonyme pour chacun des mots suivants.

1. dans
2. son
3. tant
4. guère
5. c'est
6. vers

Puis choisissez trois paires d'homonymes et illustrez la différence entre les mots en composant des phrases complètes.

Modèle : dans – dent

→ a) *Je mets du sucre <u>dans</u> mon café.*

→ b) *J'ai mal à une <u>dent</u>.*

Paire 1 : _____ – _____
a) _____
b) _____
Paire 2 : _____ – _____
a) _____
b) _____
Paire 3 : _____ – _____
a) _____
b) _____

Exercice 3 : Correspondances

Reliez les verbes de la colonne A aux compléments de la colonne B (les éléments de la colonne B sont dans le désordre).

Colonne A

1. composer — c
2. laisser — e
3. envoyer — d
4. retourner — a
5. téléphoner — b

Colonne B

a) un appel
b) à quelqu'un
c) un mauvais numéro
d) un télégramme
e) un message

Lecture

Lisez le texte ci-dessous puis répondez aux questions de compréhension. Cherchez le sens des mots en caractères gras dans un dictionnaire bilingue.

Les yeux baissés

Nous arrivâmes à Paris à **l'aube**. Le ciel était gris, les rues devaient être peintes en gris aussi, les gens marchaient d'un pas décidé en regardant par terre, leurs habits étaient sombres. Les murs étaient tantôt noirs, tantôt gris. Il faisait froid. Je me frottais les yeux pour bien voir et tout enregistrer. Si mon frère Driss avait été là, il aurait demandé avec son petit accent : « C'est cela La France ? » Je pensais à lui en découvrant ce pays étranger qui allait devenir ma nouvelle **patrie**. Je regardais les murs et les visages, confondus dans une même tristesse. Je comptais les fenêtres des maisons hautes. Je perdais le fil de mes calculs. Il y avait trop de fenêtres, trop de maisons les unes sur les hautes. C'était tellement haut que mes yeux s'égaraient dans les nuages. J'avais le **vertige**. Des dizaines de questions se bousculaient dans ma tête. Elles allaient et venaient, chargées de mystère et d'impatience. Mais à qui les poser ? A mon père, qui était très fatigué, et qui ne pouvait répondre à la curiosité d'une enfant recevant en plein visage de bon matin tout un monde auquel elle ne comprenait strictement rien ?

Durant le trajet, mon père n'avait pas dit un mot. Il y eut deux arrêts au bord de la route pour manger. Ma mère ne parlait pas non plus. Je sentais que ce voyage était une **fuite**. Nous

nous éloignions le plus possible du village. Mon père, généralement prudent, conduisait vite. On aurait dit que nous étions suivis ou pourchassés par une armée invisible commandée par ma tante. Moi, j'aimais cette vitesse. Dès que je fermais les yeux, le visage de Driss m'apparaissait, souriant ou pleurant, comme s'il nous reprochait de l'avoir abandonné au village. Je pleurais en silence, et je savais que mes parents devaient avoir les mêmes visions. Ma mère ne dormait pas. Elle ne quittait pas des yeux mon père, qui ravalait ses larmes.

Notre installation se fit assez rapidement. Nous fûmes aidés par d'autres familles marocaines, ainsi que par Mme Simone, envoyée par la mairie pour nous faciliter les démarches administratives.

Grande, assez corpulente, le sourire facile, Mme Simone était notre **fée** et notre amie. Assistante sociale, elle essaya au début de nous expliquer sa fonction et son rôle, mais pour nous c'était un ange envoyé par Dieu pour nous accueillir dans cette ville où tout était difficile. Elle parlait quelques mots d'arabe et nous disait qu'elle avait vécu et travaillé à Beni Melal.

Moi, j'étais rebelle. Je ne parlais qu'avec mes parents. Ma langue, c'était le **berbère**, et je ne comprenais pas qu'on utilise un autre dialecte pour communiquer. Comme tous les enfants, je considérais que ma langue maternelle était universelle. J'étais rebelle, et même agressive, parce que les gens ne me répondaient pas quand je leur parlais. Mme Simone me disait des mots arabes qui étaient pour moi aussi étranges que ceux qu'elle prononçait dans sa propre langue. Je me disais : elle ne m'aime pas puisqu'elle ne me parle pas berbère. Alors je crachais, je criais, je jetais par terre des objets.

Je n'étais ni gâtée ni difficile. J'étais assaillie de choses nouvelles et je voulais comprendre. J'avais l'impression d'être devenue, du jour au lendemain, sourde-muette, jetée, et oubliée par mes parents dans une ville où tout le monde me tournait le dos, où personne ne me regardait ni me parlait. Peut-être que j'étais transparente, invisible, que la couleur sombre de ma peau faisait qu'on me confondait avec les arbres. J'étais un arbre, disons un arbuste, à cause de ma petite taille et de ma maigreur. J'étais bonne pour servir d'**épouvantail**. Mais il n'y avait guère de champs de blé et encore moins d'oiseaux. Il y avait bien des pigeons, mais tellement mous et stupides qu'ils faisaient honte à leur tribu. J'aimais bien regarder passer les voitures. J'aspirais profondément les gaz et essayais de m'imbiber de ce parfum des villes, si nouveau et si **enivrant** pour la **bergère** élevée à l'air pur. Je passais la journée à compter les voitures et je m'endormais de fatigue sur le banc. Je ne gardais plus les vaches, mais je continuais à faire les mêmes gestes, allant jusqu'à considérer que les automobiles étaient des vaches pressées, **fuyant** dans toutes les directions.

La ville défilait sous mes yeux et je perdais la notion de toute chose. Le temps d'abord : je **confondais** le jour et la nuit. Je dormais n'importe quand et me réveillais au moment où les autres étaient plongés dans le sommeil. J'avais perdu le matin. Je n'arrivais jamais à le retrouver. Chaque fois que j'ouvrais l'œil, c'était la nuit ou la fin du jour. Mon père m'expliqua que dans ce pays la journée était divisée en heures, alors qu'au village on ne connaissait que le lever et le coucher du soleil. Il m'apprit à lire l'heure sur une montre :

— Là, c'est ta mère qui prépare les crêpes — il est six heures ; là, c'est toi qui sors les bêtes — il est sept heures; là, c'est le soleil qui est au-dessus de ta tête — il est midi, il est l'heure de la deuxième prière…

Il me laissa sa montre, et je passai la journée à apprendre le temps. J'avais trouvé mes propres **repères** avec le départ de mon père au travail et son retour. Mais cela se compliquait parce que, durant une semaine, il partait au moment où le soleil était au-dessus de ma tête, et il rentrait tard dans la nuit. L'autre semaine, c'était le contraire ; il s'en allait tard dans la nuit et revenait au moment du soleil sur ma tête. Mais le soleil était un mauvais compagnon. Il était rarement là. Moi, j'aimais bien les nuages. Ceux-là étaient épais et noirs. Ils avaient l'épaisseur de mon cœur et la couleur de mes rêves. Chez nous, au village, quand les nuages arrivaient, ils étaient pressés. Ils crevaient ou se dispersaient assez rapidement. La pluie ne tombait pas n'importe quand. Ici, elle arrivait souvent pour laver les murs et les rues. Elle ne **prévenait** pas, et personne ne lui **faisait la fête**.

Extrait de *Les yeux baissés* de Tahar Ben Jelloun, Éditions du Seuil, 1991, col. *Points*, 1997.

Compréhension globale

Dites si les affirmations suivantes sont vraies (V) ou fausses (F). Expliquez votre choix.

1. La personne qui narre ce récit est un garçon. ____
2. Ce déménagement du Maroc s'est fait avec un certain nombre de difficultés. ____
3. On nous donne une description plutôt attrayante de la ville de Paris. ____
4. Cet extrait nous fait comprendre les difficultés rencontrées par un enfant qui change de milieu. ____
5. Les difficultés rencontrées sont principalement linguistiques. ____

Compréhension détaillée

1. Relevez toutes les descriptions de la ville de Paris. Comment paraît cette ville selon le narrateur ?
   _____
   _____

2. Cette description correspond-elle à votre image de Paris ? Comment expliquez cette expérience de l'enfant dont la famille a quitté le Maroc ?
   _____
   _____

3. Comment réagissent les parents à ce déménagement ?
   _____
   _____

4. Citez les difficultés rencontrées par l'enfant. Comment essaie-t-elle de les surmonter ?
   _____
   _____

5. Pourquoi se compare-t-elle à un épouvantail ?
   _____
   _____

6. Relevez les segments qui décrivent implicitement le village marocain d'où vient l'enfant ?
   _____
   _____

Réflexion

1. D'après-vous, comment est le village que l'enfant et sa famille ont quitté ?
   _____
   _____
   _____

2. Pouvez-vous imaginer un dénouement positif à cette histoire ?
   _____
   _____

Grammaire

Que sais-je ?

Indiquez la bonne réponse et expliquez votre choix.

1. La phrase « Elle a été surprise par sa réaction. » est...
   ____ a) à la forme active.
   ____ b) à la forme passive.
   ____ c) à la forme interrogative.

2. La phrase « Le français est parlé ici. » veut dire...
   ____ a) *On parle français là-bas.*
   ____ b) *Ici on parle français.*
   ____ c) *Le français ne se parle pas ici.*

3. L'élément de phrase « en me promenant » veut dire...
   ____ a) *while I was walking.*
   ____ b) *having taken a walk.*
   ____ c) *walking away.*

4. L'expression « ce matin-là » veut dire...
   ____ a) *this morning.*
   ____ b) *in the morning.*
   ____ c) *that morning.*

5. Le discours direct...
   ____ a) cite les paroles de quelqu'un.
   ____ b) explique les paroles de quelqu'un.
   ____ c) nie les paroles de quelqu'un.

6. Le terme *aucun* veut dire...
   ____ a) *pas un.*
   ____ b) *quelques-uns.*
   ____ c) *pas du tout.*

1. La voix passive

1A Une phrase est à la voix passive quand le sujet du verbe n'accomplit pas l'action mais la subit. À la voix active, le sujet fait l'action. Composez des phrases à la voix passive à partir des éléments donnés. (Voir tableau 10.1.)

1. Ce chien/battre/cet homme
   _____

2. Les biscuits/prendre/cet enfant
   _____

174 Chapitre 10

3. Cette voiture/voler/deux adolescents
   a été volée

4. Cet enfant/mordre/un chien
   a été mordu

5. Leur héritage/gaspiller/le fils du défunt
   a été gaspillé

6. La photographie/inventer/deux Français, Daguerre et Niepce
   a été inventée

7. Le radium/découvrir/Pierre et Marie Curie
   a été découvert

1B Maintenant, transformez les phrases passives ci-dessus (1A) en phrases à la voix active.

1. _a battu_
2. _ont pris_
3. _ont volé_
4. _a mordu_
5. _a gaspillé_
6. _ont inventé_
7. _ont découvert_

1C Mettez les verbes suivants à la forme passive. N'oubliez pas l'accord du participe passé ! (Voir tableau 10.2.)

1. il trouvera — _sera trouvé_
2. nous apprécions — _sommes appréciés_
3. j'avais battu — _j'avais été battu_
4. qu'ils aient séparé — _qu'ils aient été séparés_
5. il capturera — _il sera capturé_
6. tu menaces — _tu es menacé_
7. vous attendiez — _vs étiez attendu_
8. je surprendrai — _je serai surpris_

1D La voix passive peut être utilisée pour la description. Complétez les phrases suivantes en mettant le verbe entre parenthèses à la voix passive. Attention à l'accord du participe passé ! (Voir tableau 10.3.)

1. La reine Elizabeth II _a été couronnée_ (couronner) en 1952.
2. Le Canada _a été fondé_ (fonder) en 1867.
3. Marat, un des héros de la Révolution française, _a été assassiné_ (assassiner) par une femme, Charlotte Corday, en 1793.
4. L'Algérie _a été colonisée_ (coloniser) par la France.
5. Cette année-là, la Nouvelle-Orléans _a été inondée_ (inonder).
6. Certaines régions de la Yougoslavie _ont été détruites_ (détruire) par la guerre.
7. La construction du Sacré-Cœur _a été finie_ (finir) en 1910.

8. *Guernica*, qui est un tableau célèbre, a été peint (peindre) en 1937 par Picasso.
9. *La Charogne* a été écrite (écrire) par Baudelaire.
10. Le président Kennedy a été tué (tuer) à Dallas en 1963.

1E Pour éviter la voix passive, on peut employer le pronom *on*. Mettez les phrases suivantes à la voix active. (Voir tableau 10.4.)

1. Cette partition a été jouée au concert.
   On a joué
2. Cette idée sera discutée à la réunion de la semaine prochaine.
   On discutera
3. Cette nouvelle avait été annoncée publiquement.
   On avait annoncé
4. Ce produit est vendu partout maintenant.
   On vend
5. Le marijuana ne sera jamais légalisée au Canada.
   On ne légalisera jamais

1F Le verbe *être* peut être suivi d'un adjectif dans une description à la voix active (VA) ou il peut être l'auxiliaire d'un verbe à la voix passive (VP). Identifiez la voix (VA ou VP) dans les phrases suivantes.

1. La porte qui donne sur le jardin *est ouverte*. VA
2. La voiture *est utilisée* par tous les membres du club. VP
3. Ils *ont été surpris* par des cambrioleurs. VP
4. Les clôtures *sont repeintes* chaque année. VP
5. Le directeur *est occupé* en ce moment. VA

2. Le participe présent

2A Donnez le participe présent (voix active) des verbes suivants. (Voir tableau 10.6.)

1. marcher — marchant
2. être — étant
3. savoir — sachant
4. voir — voyant
5. devenir — devenant
6. faire — faisant
7. essuyer — essuyant
8. tomber — tombant
9. se lever — se levant
10. avoir — ayant
11. dormir — dormant
12. finir — finissant

13. lire — lisant
14. boire — buvant
15. s'aimer — s'aimant

2B Mettez les verbes ci-dessous au participe présent composé. (Voir tableau 10.8.)

Modèle : écoutant

→ *ayant écouté*

1. prenant — ayant pris
2. pleurant — ayant pleuré
3. descendant — étant descendu
4. volant — ayant volé
5. se regardant — s'étant regardé
6. se déshabillant — s'étant déshabillé
7. écrivant — ayant écrit
8. se suicidant — s'étant suicidé
9. acheter — ayant acheté
10. votant — ayant voté

2C Mettez les participes présents composés ci-dessous à la voix passive. (Voir tableau 10.9.)

Modèle : ayant appelé

→ *ayant été appelé*

1. ayant construit — ayant été construit
2. ayant été trahi
3. ayant été bombardé
4. ayant été appris
5. ayant été attaqué
6. ayant été déçu
7. ayant été convaincu
8. ayant été nettoyé

2D Complétez les phrases suivantes à l'aide du participe présent composé des verbes entre parenthèses.

1. Son père, étant parti (partir) pour l'Europe la veille, ne pouvait pas l'aider.
2. Ayant perdu (perdre) son porte-monnaie, le petit garçon s'est mis à pleurer.
3. Étant tombé (tomber) malade, notre professeur a été remplacé par le directeur.
4. S'étant levé (se lever) à six heures, il a tout fini avant midi.
5. Ne s'étant pas allée (ne pas aller) chez sa mère ce jour-là, elle n'a pas appris la nouvelle immédiatement.

2E Les pronoms objets précèdent le participe présent. Complétez chaque phrase en traduisant le pronom entre parenthèses.

1. Vous l'aimerez en _le_ (him) rencontrant, j'en suis sûr!
2. Je me suis fâché en _la_ (her) voyant parce qu'elle portait mon chandail.
3. J'ai réglé le problème en _leur_ (them) offrant mille dollars.
4. Il a réussi en _les_ (them) convainquant de l'aider.

2F Le participe présent sert souvent à exprimer un complément circonstanciel de temps, de moyen, de manière, de condition ou de concession. Cette forme du participe présent, toujours précédée de la préposition *en*, s'appelle « le gérondif », qui est invariable. Complétez les phrases suivantes en utilisant le gérondif des verbes entre parenthèses. (Voir tableau 10.10.)

1. Les soldats, démoralisés par la défaite, marchaient _en traînant_ (traîner) leurs provisions.
2. Je l'ai vu _en quittant_ (quitter) le magasin.
3. Elle a clarifié la situation _en donnant_ (donner) beaucoup d'exemples.
4. Vous atteindrez vos buts _en sacrifiant_ (sacrifier) tout le reste.
5. Il a fait venir un gendarme _en criant_ (crier) comme un fou.

2G Certains participes présents peuvent être utilisés comme noms. Ils prennent alors un genre et un nombre. Complétez les phrases en traduisant les mots entre parenthèses.

1. C'est nous, les _perdants_ (losers).
2. Seulement les ~~habitants~~ _résidents_ (residents) ont le droit de stationner dans la rue.
3. Tous les _adhérents_ (supporters) de cette philosophie seront poursuivis et punis par le dictateur.
4. Tous les _fabriquants_ (producers) de soie se trouvaient à Lyon à l'époque.
5. Tous les _participants_ (people taking part) recevront une lettre donnant tous les détails nécessaires.

2H Certains participes présents peuvent être utilisés comme adjectifs. Ils s'accordent alors en genre et en nombre avec le nom ou le pronom qu'ils qualifient. Complétez les phrases suivantes avec l'adjectif verbal qui convient. (Voir tableau 10.10.)

1. C'était une soirée _dansante_ (where we danced).
2. C'est un travail _fatigant_ (tiring).
3. C'est une idée _intéressante_ (interesting).
4. L'atmosphère dans la salle était _suffocante_ (suffocating).
5. Ils ont des opinions _divergentes_ (diverging).
6. Le candidat _précédent_ (preceding) était le meilleur, à mon avis.
7. Je trouve cette conférence très _stimulante_ (stimulating).

2I Le participe présent peut s'utiliser à la place d'une proposition subordonnée soit pour exprimer une raison ou une cause, soit pour exprimer une action simultanée. Remplacez les mots soulignés par un participe présent. (Voir tableau 10.10.)

1. Nous cherchons des gens qui veuillent participer à nos expériences.
   voulant

2. Puisqu'il n'avait pas d'argent, il faisait de l'auto-stop.
   N'ayant pas d'argent

3. Parce qu'il ne croyait pas en Dieu, il a été rejeté par sa famille.
   Ne croyant pas

4. Parce qu'il voulait être là avant les autres, il a quitté la maison très tôt.
   Voulant

3. Le discours indirect

3A Mettez les phrases suivantes au discours indirect. (Voir modèle 1.)

1. Pierre répond : « J'en ai marre ! »
   qu'il en a marre

2. Le premier ministre déclare : « Je ferai tout mon possible pour améliorer les conditions économiques de ce pays. »
   qu'il fera

3. Le professeur dit : « L'examen aura lieu le 30 mai. »
   que l'examen aura

4. Alison insiste : « Je ne peux pas vous accompagner. »
   qu'elle ne peut pas

5. Ma femme m'annonce : « Nous allons avoir un bébé ! »
   que nous allons

3B Mettez les phrases suivantes au discours indirect. (Voir modèle 2.)

1. Mon patron me demande : « Est-ce que tu crois que tu mérites cette promotion ? »
   si je crois

2. Son professeur lui demande : « Avez-vous fini votre composition écrite ? »
   s'il a fini

3. Le bibliothécaire me demande : « As-tu rendu le livre ? »
   si j'ai rendu

4. Ma mère veut savoir : « Es-tu malade ? »
   si je suis

3C Mettez les phrases suivantes au discours indirect en notant bien que le verbe de la proposition principale est au passé. (Voir modèle 3 et tableau 10.13.)

1. Marie a déclaré : « Je veux devenir actrice. »
   qu'elle voulait devenir

2. Le musicien a dit : « J'aurai terminé le concert à 11 heures. »
   qu'il aurait terminé

3. J'avais dit : « J'ai gagné, mais je ne peux pas expliquer comment. »
   que j'avais gagné   je ne pouvais

4. Elle disait toujours : « Je le ferai quand je serai riche. »
   qu'elle le ferait   elle serait

5. Nous avons dit : « Nous nous sommes mariés. »
   que nous nous étions mariés

3D Mettez les phrases suivantes au discours indirect. (Voir modèle 4.)

1. Les Leroux m'ont demandé : « Qu'est-ce que vous pensez de notre pays ? »
   ~~~~ _ce que je pensais de leur_

2. Ma mère m'a demandé : « Qu'est-ce que tu voudrais manger ce soir ? »
   ce que je voudrais

3. Elle m'a demandé : « Qu'est-ce que vous étudiez à l'université ? »
   ce que j'étudiais

4. Mon père m'a demandé : « Qu'est-ce que tu feras de ta motocyclette, puisque tu n'as plus de permis de conduire ? »
   ce que je ferais ma   je n'avais plus

5. Il m'a demandé : « Qu'est-ce que tu comptes faire cet été ? »
   ce que je comptais

3E Mettez les phrases suivantes au discours indirect. (Voir modèle 5 et tableaux 10.14 et 10.15.)

1. Je leur ai demandé : « Qui est-ce qui a gagné le match de football hier ? »
   qui avait gagné   la veille

2. Nous lui avons demandé : « Qu'est-ce qui te rend triste aujourd'hui ? »
   ce qui l'avait rendu   ce jour-là

3. Je leur demande : « Qu'est-ce qu'il y a dans cette boîte ? »
   ce qu'il y a   la boîte

4. Elle lui a demandé : « Qui est-ce que vous aimez ? »
   ce qu'il aimait

5. Ils m'ont demandé : « Combien gagnez-vous à l'usine ? »
   combien ~~je vais gagne~~ je gagnais

6. Il me demande : « Où êtes-vous né ? »
   où je suis née

7. On me demandait : « Pourquoi parlez-vous comme ça ? »
   pourquoi je parlais

8. On m'a demandé avant-hier : « Quand allez-vous finir votre contrat ? »
   quand j'allais finir mon contrat

3F Mettez les phrases suivantes au discours indirect. (Voir modèle 6.)

1. Le concierge disait toujours : « Fermez la porte à clef en partant. »
   de fermer

2. Le professeur dit : « Levez la main si vous connaissez la réponse. »
   de lever la main si ns savons

3. Ma mère me dit souvent : « Prépare-toi pour l'avenir. »
   de me préparer

4. Le professeur nous a ordonné : « Ne parlez pas pendant l'examen. »
   de ne pas parler

5. Je lui ai suggéré : « N'oubliez pas votre composition et soyez à l'heure. »
   de ne pas oublier sa   et d'être

3G Mettez les phrases suivantes au discours indirect. (Voir modèle 7.)

1. J'ai dit à Paul : « Le gouvernement a refusé de renouveler votre contrat. »
   que   avais refusé   son

Grammaire 181

2. L'infirmière a dit à ma sœur : « Votre mari est mort pendant la nuit. »
   que son était

3. Ma camarade de chambre m'a dit : « Ton père est venu te voir cet après-midi. »
   que mon père était venu me voir cet après-midi-là

4. Elle m'a demandé : « Est-ce que ton chien s'appelle Fido ? »
   si mon chien s'appelait

5. Elle s'est demandée : « Est-ce que j'ai raison de ne pas accepter cette offre ? »
   si elle avait

4. Traduction

4A Traduisez les phrases suivantes en français. Évitez, si possible, la voix passive.

1. Several American presidents have been assassinated.
   On a assassiné plusieurs

2. Five children were kidnapped.
   On a enlevé

3. Several soldiers were decorated.
   On a décoré

4. The rugs would have been cleaned.
   On aurait nettoyé

5. Spanish is spoken in Mexico.
   On parle espagnol / se parle au Mexique

6. His book was published.
   On a publié

7. Mini-skirts are not worn anymore.
   On ne porte plus les mini-jupes / ne se portent

8. His car was hit by a truck.
   a été heurté par

4B Traduisez les phrases suivantes en employant le participe présent à la forme négative.

1. Not having enough money, they were unable to eat at the restaurant.
   N'ayant pas assez d'argent, ils n'ont pas pu

2. Not speaking Chinese fluently, they were often misunderstood while on holidays in China.
   Ne parlant pas chinois couramment, ils étaient souvent malcompris

3. Not being a very patient person, he fired him on the spot.
   N'étant pas

4. Not wanting to appear ignorant of the facts, he remained silent.
   Ne voulant pas   il s'est tu

5. Not knowing England as I did, he was unaware that the climate would not suit him.
   Ne connaissant pas l'Angleterre comme moi, il ne savait pas

4C Traduisez les phrases suivantes en employant le participe présent composé à la forme négative.

1. Not having finished her doctorate, she was unable to find work in her field.
   N'ayant pas terminé   elle n'a pas pu

2. Not having eaten all that was on his plate, he couldn't have any dessert.
   N'ayant pas mangé   il ne pouvait pas

3. Not having understood what she meant, I asked a stupid question.
   N'ayant compris ce qu'elle voulait dire, j'ai posé une question stupide

4. Not having wanted to travel with them, I remained at home and spent a quiet and enjoyable holiday.
   N'ayant pas voulu voyager avec eux, je suis restée chez moi

5. Not having shaved that morning, he looked tired.
   Ne s'étant pas rasé ce matin-là, il avait l'air fatigué

5. Expression écrite

5A Complétez les phrases suivantes.

1. Tout en me promenant, _____

2. Après s'être installé près de la cheminée, _____

3. N'ayant pas eu de réponse, _____

4. Sans vouloir l'offusquer, _____

5B Imaginez une conversation entre vous et quelqu'un qui vous insulte parce que, sans le vouloir, vous l'avez bousculé dans un corridor. Ensuite, transposez ce dialogue en petite histoire où vous utilisez le discours indirect.

1. conversation prise sur le vif

2. histoire de l'incident

D'autres horizons...

Tahar Ben Jelloun est l'auteur de plusieurs romans dont *La nuit sacrée*, qui lui a valu le Prix Goncourt (1982). *Les yeux baissés* est une œuvre plus accessible aux étudiants de premier cycle. Pour une lecture plus facile du même auteur, nous suggérons *Le racisme expliqué à ma fille*.

Notes

Notes

Notes

Notes